The Way to Love Your Wife

一個健康有活力的性關係，一輩子的愛情

好好愛她

已婚男士的性親密指南

每對夫妻都能真正經歷令雙方滿意的性生活嗎？
是的！而且身為男性的你，可以表現得更出色！

國際知名婚姻與性治療
克利夫·潘尼、喬依絲
（Clifford L. Penner & Joyce J.
莊新泉醫師 導讀
李曉秋 譯

U0069147

國家圖書館出版品預行編目資料

好好愛她：已婚男士的性親密指南 / 克利夫　潘尼
（Clifford L. Penner），喬依絲　潘尼（Joyce J. Penner）著；
李曉秋譯. --初版. --臺北縣新店市：主流, 2010.01
　　面：　　公分. --（生活叢書；2）
譯自 The way to love your wife：creating greater love and
passion in the bedroom

ISBN 978-986-85212-5-4（平裝）

1.基督徒 2.婚姻 3.兩性關係 4.性行為

244.99　　　　　　　　　　　　98011256

目 錄

這本書寫得相當精采，值得閱讀的理由至少有下列五點：

第一，兩性親密關係建立的第一步，是男女雙方對彼此心理和生理結構充分了解，關於這點，無庸置疑地，本書講解得相當清楚。男人需要閱讀本書來了解女人，用正確的方法接近女人；女人也需要熟讀本書，才能駕馭男人（參考第三章：按照她的方式做）。

第二，在這眾說紛紜、價值觀多元的時代，各種奇怪的性癖好、性取向紛紛出現在媒體上，不斷挑逗每個人的視覺感官。本書在《聖經》嚴謹規矩的教義下，呈現出閨房私密的兩人世界，卻仍然充滿性感、浪漫的旖麗風貌（參考第十一章：性愛的輕鬆面）。

得到性愛樂趣的十種方法：

方法一：歡　笑——把幽默感帶上床。只要一點笑聲，就能減少婚姻中的不開心。

方法二：實驗——為了嘗試新的做愛方式，你

可能需要勉強自己。如果妻子比你更有實驗精神，就讓她來帶領你。

方法三：驚奇——某些人會因驚奇而興奮，另一些人卻會愣住而不知做何反應。如果你的妻子屬於前者，就可利用驚喜作為表達體貼的好方法。

方法四：震驚——一點震驚、一點變化，將提升你們的熱情，讓兩人更緊密地聯繫在一起。

方法五：服侍——服侍是性樂趣的泉源。女人被體貼服侍時能感受到愛情。

方法六：歡愉——撫摸會引起種種愉悅感受，進一步引發激情的做愛。

方法七：挑逗——挑逗是充滿樂趣的，或者也充滿刺激。

方法八：抵抗——玩笑式的抵抗，是一種強力催情。

方法九：創意——在性愛中尋找新的方式，可以點燃興趣、提升興奮，強烈傳遞愛的訊息。

方法十：遊戲——可以玩「扮家家酒」或角色扮演，性愛中的遊戲是最好玩的一部分。

第三，自我檢測是否有足夠資格擁有愛情，當你完成自我檢測後，你會發現無法擁有良好性關係的真正原因（參考第七章：當性失能時）。

自我檢測「二十一種不懂愛的愛人」：

第一種：幼稚的愛人——我們在第二章描述這種男人。如果你害羞、退縮，或者不好意思與女孩交流，你可能就是這樣的男人。

第二種：目標導向的愛人——這類型中的第一種人是企業家。我們會這麼說，是因為他做事的流程，大致是設立目標、朝向目標努力，完成目標後又轉向新的目標。

第三種：無聊的愛人——性愛變成例行公事？你厭煩這種周而復始的性嗎？你做愛的方式仍與五年或十五年前一樣？

第四種：缺乏安全感的愛人——讓人沒有安全感的愛人，掙扎於其低落的自尊心。他們的回應方式有兩種：不是消極抱怨，從不表達他們的需要或期望，就是直接或間接地迫切要求。這兩種方式都讓女人在她所愛的男人身上找不到可以信賴的理由。

第五種：草率的愛人——這個男人還沒有學會如何關心別人。也許他是在不注重文明禮儀的家庭環境中長大，也許他厭煩母親的嘮叨，所以不想學好。

第六種：共依存症的愛人——「共依存」（codependent）這個詞已經變得太流行而被濫用了，不過用在這裡確實貼切。共依存的表現，是一個人從另一個人的非正常狀態中找到存在的理由。

第七種：迴避的愛人——迴避的愛人可能對自己感到不確定。他可能是無知的，也可能在過去受過傷害，或者他對自己的身體和陰莖大小感到害羞。

第八種：懶惰的愛人——付出努力，為生活中的長遠利益而延緩即刻的享受——不是每個男人都已在性生活中學到這種經營模式。

第九種：憤怒的愛人——你可能把過去生活中的憤怒帶進婚姻——對父母、兄弟姊妹、同學、老闆、上帝或任何人的憤怒，也可能是你的婚姻關係中滋生出憤怒的毒素。

第十種：佔有欲強烈的愛人——佔有型的愛人是嫉妒的愛人。嫉妒會慢慢吞噬你，如同白蟻啃蝕無花果樹。嫉妒讓愛窒息，中斷了性愛激情的自然湧流。

第十一種：自私的愛人——在床上自我中心的男人，通常在生活中的其他方面也是如此。如果你注重自己的需要，對妻子的需要卻漠不關心，你可能是個自私的愛人。

第十二種：被動的愛人──自私的愛人是主動、活躍的自我中心者，被動的愛人是靜止的自我中心者。他說：「讓她來做吧！」這種丈夫沒有能力給予，只想要別人來取悅自己。他像一塊單向的海綿，只知道吸收。一個妻子生動描述她被動的丈夫：他躺在床上，將手放在腦後，示意說他已經準備好要做愛，她可以開始了。

第十三種：苛刻的愛人──苛刻的愛人使用充滿敵意的利刃來評價一切。他的評論可能不僅只性方面，還包括妻子的家務、外表、體重、衣服、裝飾、對孩子的教養或者她熨褲子的方法。在性行為中，他批評她動作或靜止的姿態，她是否顯示出相當程度的熱情，或者她是否以合適的速度回應。這些言行扼殺了性行為中自發性的快樂。

第十四種：控制欲的愛人──這種男人覺得需要控制妻子。在性生活中，他可能想要掌管整個順序、活動甚至反應。

第十五種：疏遠的愛人──這種男人迴避親密關係，總是擺出冷漠臉孔。他好像不得不與人保持距離，不僅和妻子，甚至也和自己保持距離。疏遠的愛人缺乏自我接納，他用超然的態度來面對內心的掙扎。其他人可能以為他很有自信，甚至高傲自大，但事實上，他的冷漠只是排斥親密關係的寫照。

第十六種：羞怯的愛人──一個男人可以對很多事情感到羞怯──談論性、分享他的身體、回應性慾、交流他的感受、被撫摸、讓他的性感部位被愛撫、發出呻吟聲、觸摸妻子的生殖器、享受她的濕潤，或者表達他的需要和渴望。

第十七種：需要權力的愛人──這種男人喜歡支配別人。當他感受不到自己比妻子更強而有力時，就無法有所回應；當她主動時，他會拒絕。他需要她屈服於自己的要求下，在性行為中，他會故意用一些她不易接受的問題來非難她，或者在她不方便的時候要求她。他設立了一個必須贏的權力較量。

第十八種：缺乏興趣的愛人──男人總被認為對性充滿渴望。當男人對性缺乏興趣時，可能會覺得自己沒有男子氣概。其實對男人來說，因為性慾低落而煩惱的狀況很普遍，多數人也相信男人會為此困擾。這種情形發生時，他的妻子也會感到困擾，因為她想要被渴慕、被滿足。

第十九種：匆忙的愛人──在性行為中匆匆忙忙的男人，可能是沒有安全感、焦慮、目標導向型或不能控制射精。

第二十種：焦慮的愛人──焦慮會干擾愉悅感和正常功能的發揮。一個男人的自我意識、觀望、

監視或旁觀，都可能讓他中止性行為，因為他很難勃起或保持勃起。

第二十一種：性成癮的愛人——如果性控制了你，你就是個性成癮的人。你依賴於性滿足來感覺良好，並依靠這感覺活下去。

第四，為了避免婚外情的誘惑，你會採取什麼計畫來因應？擬訂一個行動計畫，並在腦中排演。與妻子討論，如果你們發現自己與另一個人有關聯，你們會怎麼做？當誘惑來臨時，要採取立即、果斷的行動。（第八章：外遇考驗婚姻）

第五；性成癮（Sexual Addiction）的治療。（第十三章：色情圖文與網際網路）

步驟一：從心開始

步驟二：改變你的生活模式

步驟三：關注內在的你

步驟四：關注你的關係（特別是與上帝和配偶的關係）

步驟五：對他人負責（你需要某個人來監督你）

　　這的確是一本「正經」的性書。裡面提供的方法和觀念，同樣會讓你臉紅心跳、呼吸加速。你會好奇，這樣的書真的是根源於聖經的教義嗎？果真如此，豈不是更值得一探究竟？

家庭醫學專科醫師、作家　莊新泉

每一對夫妻是否都能真正體驗到令雙方滿意的性生活？是的──而且身為男性的你，可以表現得更出色！

讓自己完全投入在婚姻中，發掘更美好的愛、熱情與親密關係，你的性生活便會翩然起舞，你的收穫將遠超過你的付出。

上帝將性設計成婚姻中必須、且充滿熱情的愛意表現。過去數個世紀中，隨著教會的興起，性都被視為一種需要被壓抑的情欲。而崛起於二十世紀六、七〇年代的性革命運動，本欲試圖解放人性，結果卻落入將性貶低、醜化的另一極端，大大違背上帝的初衷。

時至今日，某些組織機構如「愛家」（Focus on the Family）和「守約者」（Promise Keeper），針對家庭的建立和維護展開宣導，致力於修復、還原人成為上帝最初所造的美好形象。我們希望你能多遵守一個承諾：專心閱讀本書，並和妻子一起發現更美妙的愛、熱情與親密關係。

謝謝並祝福你們。

克利夫‧潘尼博士和喬依絲‧潘尼女士

我們兩人分別來自德國中西部和加拿大的門諾會背景，對性的認識近乎天真無知。我們從家庭中接受與性有關的唯一指導，是在婚禮前兩週一通來自喬依絲家人給她的電話。內容主要是三個警告：

1. 蜜月將會很可怕。

2. 她會很累。

3. 她不該讓他「使用」她（她沒有！事實是她「使用」了他）。

幸好，喬依絲在護理學校剛修完「婚姻預備」課程。課程內容中相當重要的一部分，就是有關性生活的適應。於是喬依絲把她學到關於婚姻中的性愛知識傳授給克利夫。

當然，那不是事情本來該有的發展。每當涉及性的時候，男人似乎總應該是這方面的專家。

至少男人**想要**你這麼相信。

✿ 製造一個「有男子氣概」的男人

「男人應該是性專家」這個錯誤的假設，延續了一代又一代。

可能從五歲時，你因為偷看姊姊的臥室而被訓斥。你聽見大人們說：「你不可以那樣做」，但同時也會聽見：「男孩子就是男孩子」，說話的語氣可能還帶著一點驕傲。

小學二年級時，你試著說了有關性的粗話——全都是從年齡更大的男生那裡聽來的。這時大人們皺起眉頭，但有人卻說：「他正在學習成為一個男人。」

五年級時，女孩們被送到另一個房間去學習有關月經的知識，你既感到好奇，也覺得自己被孤立。她們怎麼可以知道一些對你來說神祕莫測的「性事」！

你期待自己可以知道更多關於「男子氣概」的專業知識，這種期待在成長過程中微妙地持續著。比你大兩歲的表哥將他私藏的雜誌給你看，這是你第一次看到裸體女人，瞬間被觸發的恐慌、興奮和迷惑紛至沓來，幾乎就要淹沒你。這些照片讓你的五臟六腑翻江倒海，幾乎停止呼吸，即使你明明氣喘吁吁；你的喉嚨似被異物哽住，幾乎要窒息。你不想再看下去，但又好像還沒看夠。

　　中學時期，你開始接受真正的性教育。你看了教學用的「影片」，老師談論著關於「生殖」這件事——卵子如何和精子結合，嬰兒又是如何出生的。「好噁心喔！」你簡直聽不下去。如果你在一個只有男生的班級裡，就會猜想女生在議論些什麼；如果你在一個男女混合的班級裡，當老師說到諸如**陰莖**、**陰道**或**性交**這些詞時，你就會忍不住傻笑。

　　不論是哪種方式，你只想看起來很酷——假裝已經知道所有性事。對男人來說，知道性事意味著酷。在你班上最受歡迎的男生，似乎知道最多性事，他總是信手拈來便是一個關於女孩的故事或者黃色笑話。

　　那些笑話似乎含有許多關於男人的性知識，以及作為一個男人在性事上意味著什麼。那些笑話往往暗示著，擁有最大陽具的才是真正的男人。至於女人，則是任由男人擺佈，她們只會向男人乞求。

　　接下來，所有的女孩都在國中升高中的那年夏天長大了。你意識到這件事，於是竭力擺出不同於自己原本的樣子。你習慣扮演一個酷男人，或與女孩子保持相當距離，避免自己經歷被拒絕的痛苦。

　　不管你採取哪一種姿態，你與其他男人都有一個共同點——手淫。也許你會覺得這種感覺挺好，

或者只是在結束前感覺不錯，但在結束後，羞恥感和愧疚感便如洶湧洪水般將你擊倒，然後你發誓以後再也不做了。也許同伴們曾經告訴你，手淫的人是失敗者，需要手淫表示你無法得到真正的東西——一個真正的女人。

總之，你繼續得到的資訊是：男人是性的專家，是性的動物。「去吧，盡你所能地去追逐，越多越好！」你的朋友、電視節目和色情網站都這樣說。「你得到越多，就越像個男人。」即使你記得《聖經》中的教導，知道性只能保留給婚姻，但你或許已經被喧嘩眾聲所牽引，走得太遠了。有時你指望女孩可以在緊要關頭猛踩煞車，但有時你又希望她不要這樣做。

高中以後，你想要成為世界所期望的性慾男人，即使你的信仰和價值觀在在提醒你，需要為將來的妻子節制自己。

最後你遇到了你夢想中的女人。她可能是你第一個真正的女朋友，或者第十個。當你結婚以後，她可能也期望你是個性事專家。

但你是嗎？如果你繼續固執以前的想法，覺得好像自己才知道什麼是最好的，那麼你一定會遇到問題，你的她甚至可能因此對性完全失去興趣。

當個專家並不容易，不是嗎？

更糟的是，單憑你自己根本行不通。

❉ 你願意接受指導嗎？

幸運的是，還有另一條路。

當你聽從妻子的話，尊敬她、並照著她暗示的細節去服侍她時，你的性生活便可以美妙而滿足。一個僕人型的領導者最終會發現，他有反應最靈敏的妻子，並且擁有最熱情洋溢的性生活。

事實就是，**只有當男人朝著女人所要的方向行動時，才可能經歷到幸福美妙的性愛。**

這意味你必須放棄早年學到的錯誤教導。你將與妻子完整連結，因為她就是這樣被創造、被訓練的，她的觸摸、關切和感覺都是獨特的。當你聆聽、回應並讓女人帶領時，你將有非常奇妙的體驗，並且了解性愛能帶給你們怎樣的成就感。

本書關乎如何藉由破除男人與性之間的迷思，從婚姻中的性生活建立更美妙的愛、熱情與親密關係。在你與妻子的性生活中，不論你是需要作較大的調整，還是只需稍微改進，本書都將讓你變得不大相同。

大部分男人都認為，即使感到迷茫困惑，但要

他們接受指導仍是件困難的事。要男人聽從妻子的性指導更是難上加難！但是，當男人願意放手讓女人設定步調時，他的性生活的確可以更美好。所羅門王（一位獲得性滿足的典型男人）就是讓他的新娘帶領彼此的身體關係——如同你將在這本書裡看到的。

一段生氣勃勃的性關係，需要用心經營，但努力不會白費，不僅能引發許多樂趣，還能維持一輩子的熱情。這正是本書的宗旨。

身為性治療師，擁有超過二十五年的臨床經驗，並在美國及加拿大常年舉辦相關研討會，憑藉這樣的經歷，我們確信，深諳閨房之樂不僅將大大改善婚姻品質，你更將得到有如騰雲駕霧般的樂趣。

chapter 01

這不是美國大學籃球聯賽

喬治城大學隊和加州大學洛杉磯分校隊，這兩個實力旗鼓相當的球隊正在進行美國大學籃球聯賽的決賽。運動員們興奮不已，教練們滿懷希望又有些焦慮不安。你已經押寶喬治城大學會贏，早早挪出時間守候在電視機前。

每當喬治城大學得一分，你就激動得從沙發上跳起來。賽事越來越緊張。第四節比賽結果，兩隊平分，雙方進入延長賽……已是第二次延長了……最後，喬治城大學得分，哨聲響起，比賽結束，你的球隊是贏家。

你是個贏家──**你的**球隊獲勝了！

那天晚上你與妻子上床，你又想當個贏家。

換句話説，你試著得分。

妻子的性回應就是你的投籃得分。越快越頻繁地得到她的回應，你就越興奮。你不斷朝高峰衝刺──為了得分，你巧妙地控制、調整和移動。

如果妻子沒有回應，你便緊張、焦急又垂頭喪氣。一切都符合遊戲規則，不是嗎？這似乎不太公平。事實上，妻子是高手，她見招拆招！

你越努力，事情就越糟糕，於是你感到絕望。總之，如果你是個真正的男人，你就能將妻子帶向高潮，甚至不止一次的高潮；如果你不能，那麼這次比賽的結果就是——她是個失敗者，你也是。

✤ 性競賽的形成

早年的教育

這場性行為中的輸贏遊戲到底始於何時？

在你一歲九個月大時，你的父親可能已經為你感到驕傲，因為你能抓住綠色的海綿橄欖球，或者能在他的電腦鍵盤上敲敲打打。父親讚許地說：「看他反應多快！」或者會說：「他真是絕頂聰明！」父親暗暗希望有一天你能光耀門楣：你會進入美式足球聯盟，或是開發下一個流行的應用軟體。

幾年後，你開始練習棒球、美式足球或使用自己的電腦。你聽見父親在電話中與祖父談論你的接球技巧，你的兩次賽跑名次，或是你令人驚訝的西洋棋技術。你得到的資訊響亮而清楚：想讓自己更有成就感，你就要得分、安打、接球、奔跑、阻擋、猛攻。你要贏！

與此同時，大多數女孩卻以不同的方式度過童年。當男孩正在玩或想要參加競爭性的比賽時，女孩們卻偏好一些著重過程的活動，例如舞蹈或音樂。有些女孩也積極參加運動，但她們參與的時候卻喜歡邊玩邊說話，這讓運動變得不像一場戰役，反而像是社交活動。

或許你對運動並不熱中，你的父母也不會執著於非贏不可，但你一定會看見隨時發生在你周圍的競爭，你也許會蔑視它，也可能會參照它來衡量自己的能力。而那些比較，可能有助於塑造你的自我形象。

青春期及以後

整個中學時期，你可能會繼續競爭。就算不參加球隊，平時也會自己玩玩，或者觀看

Love Your Wife

競爭、實現、達到、獲得、獵取和勝利，就是男人的自然傾向。

電視比賽。無論自己參與還是只當觀眾，都對你而言都是一件大事。每一項運動，從游泳、田徑到摔角，重點都是強調得分。

如果你進入大學就讀，你可能會繼續參加運動或觀看比賽。或者你的興趣已經轉移到其他的競

技場——比如爭取化學考試的最高分、話劇中的主角、最漂亮的女朋友、學生幹部選舉的獲勝等等。進入職場後，你又開始爭取最高薪資和讓人印象深刻的頭銜。

　　競爭、實現、達到、獲得、獵取和勝利，就是男人的自然傾向。即使涉及「性」這個生活中的浪漫部分也一樣，競賽依舊持續。

❧ 然而只要得到就是一切了嗎？

　　我們常常訝異女人們抱怨：「當我正在做飯或洗碗時，他就靠過來，色瞇瞇地抓住我，我真的覺得很不舒服。」

　　那個男人想得到什麼？

　　他想要作個贏家。他認為要作個贏家，就要得到她；要得到她，就要讓她有反應。

　　這類想法從男女約會時就開始了。男人之間彼此關切的問題如下：

　　「你跟她到哪一步了？」
　　「你給她多少了？」
　　「你們進展到三壘了嗎？」
　　「你『得分』了嗎？」

這些問話的假設前提是，一個男人應該盡量地逼迫女人，只要他從她那裡得到越多，他就能成為更大的贏家。

但這不是真理！性不是關於征服或者得到而已。

你不會因逼迫而獲得滿足

在婚前對性接觸躍躍欲試的男人，總會促使女人對他設立界限。如果你想觸摸乳房或生殖器，她必須劃清界限。如果你越過這道界線，反而是教她抵抗你。即使興奮的狀態讓她順從你，事後她還是會覺得受傷和痛苦，她覺得自己是被迫屈服於你。

一個在婚前逼迫女人的男人，婚後可能會繼續同樣的模式。他竭盡所能要求，但仍無法感覺真正的滿足。

以目標為導向的方法不會產生愛、熱情和親密關係。性是一種連結，而不是一種征服、達成或者得分。

Love Your Wife

性是一種連結關係，與征服、完成或得分無關。

事實上，目標導向的性行為無法讓你得到成就

感，它甚至不能讓你達到初步的成功。真正的滿足不是來自你可以多快或多頻繁地讓妻子與你感受一致、被你激起情慾、你自己被激起情慾、達到高潮或不止一次高潮。

那種性行為只會讓你們中的一方甚至雙方都感到失望。比如，你掌握妻子的性敏感部位，這讓你很開心，或者你希望藉此引起她的性慾，但她反而覺得冷感。相反地，如果你關心她的感受並聆聽她的想法，讓她感到自己被珍惜和寵愛，充滿了信心和快樂，她就願意接受更多的觸摸和更強烈的情感表達方式。

❀ 不在乎輸贏，只在乎你怎樣做

愛、熱情和親密關係從來都與輸贏無關，而是關乎你怎樣參與這場遊戲。在性生活中，

Love Your Wife

愛、熱情和親密關係從來都與輸贏無關，而是關乎你怎樣參與這場遊戲。

你需要爭取的是最受歡迎獎，而不是最佳表現獎。

美好的性，要求男人在態度上完全轉換，而非只顧他自然的本能。女人不想僅只成為一件戰利品或勝利的記錄。男人真正的滿足源自讓女人滿足，

因此男人必須轉變本性中注重結果的傾向，學著像女人一樣注重過程。男人需要學習的是沉浸在優美融洽的交響樂中，而不是為他的球隊爭取勝利。

這種轉換並不容易。作家里奧‧巴士卡力[1]曾寫道：「想將感情表現出來，對男人而言是很自然的事。但由於一些說不清的因素，我們視溫柔等同於多愁善感、軟弱等同於易受傷害。我們似乎害怕付出，如同我們害怕接受一樣。」

無怪乎，對一個男人而言，要自己在與女人或者上帝的關係中感覺良好是非常大的挑戰。男人渴望勝利，但在關係中需要採取完全不同的方式。

你不必成為非贏不可的奴隸，也不用接受以結果為導向的性所帶來的壓力、要求和窘迫。你對自己的滿意度並不一定要依賴於獲勝的那一刻。

我們在從事性治療的工作中發現，當夫婦學習將注意力放在愉悅的過程中，而不是刺激的結果時，他們感受到的壓力較少。他們不只滿足，而且非常有成就感。

這就是為什麼，我們在接下來的章節中強調，你必須注重愉悅而不是刺激。如果你體驗過一次讓雙方都心醉神迷的性經驗，你將不再靠強求來得到滿足，而是顧及雙方的愉悅感受。

欲知上述情形如何在你的婚姻中發生，請繼續
往下閱讀。

chapter 02

美好的性愛會自然發生嗎？

這是《美國新聞與世界報導》（*U.S. News & World Report*）所刊登的一份調查結果：「性慾：覺得乏味還是不夠？上百萬美國人不滿意自己的性生活。」

看來，擁有良好的性生活，在今天的美國已屬罕見。

部分原因可能來自複雜而忙碌的生活方式。但我們認為，也有某些原因是由於太多人誤以為美好的性愛會自然而然發生。

當彼得叔叔和奧德莉阿姨住在沒有電器、沒有電話的農場時，屋裡光線幽暗，而孩子們在晚上七點前已安靜地躺進自己溫暖的被窩中——這種情況下，美好的性愛的確可能自然發生。

但同樣地，即便如此，美好的性愛也可能不會發生。

✲ 按著自然的本性做

有一次，我們把自己寫的《怎樣享受性生活》

（*Getting Your sex Life off to a Great Start*，中譯本已由文經社出版）這本書送給一對已訂婚的戀人。準新娘對我們表示感謝，然後說：「我們晚點再讀，因為我們想先按照自然的本性來做。」

就智商和教育水準來看，那位年輕的新娘和未婚夫都能躋身在全國百分之一的菁英行列中。他們將時間、精力和金錢花費在籌備婚禮、規劃預算，以及兩人共組家庭的每個生活面向。但他們卻不想為性生活作準備，為複雜的身、心、靈結合作準備，因為他們認為「天然的最好」。

這讓我們想起喬依絲八十七歲的祖母，她在多年前曾告訴我們：「我不同意你們現在所做的事（指我們作為性行為治療者）。亞當和夏娃不需要，亞伯和我不需要，其他人也不需要。」

一般人深信美好的性行為會自然發生，所以無須為性生活品質負責。

Love Your Wife

性愛並不會自然發生；而是你讓性愛發生。

許多電視和電影樂此不疲地製造這類迷思：男人和女人（通常是未婚的）突然發現自己無可救藥地愛上對方，然後他們似乎在極短的時間裡發生了充滿激情和性慾的性關係，一切都是如此理所當然。

大多數夫婦都渴望經歷那種勾魂攝魄的性愛。

對某些人而言，這確實會自然發生；但對許多人來說，要擁有長達一輩子充滿歡愉、滿足和滋潤的性體驗，絕對需要作好充分準備。

除非處在強姦、亂倫和虐待的情形下，否則每個人都應該對性行為的質與量負責。當你錯以為性行為會自然地發生在你身上，而不是由你讓性行為發生時，就很容易讓婚姻中的性生活變得沉悶乏味。如果你認為性行為是激情的自然結果，那麼你便可以對婚外性行為視而不見，並宣稱自己是清白的。如果你確信美好的性行為會自然發生，那麼當它沒有發生時，你就會以為自己已經不再被愛了。

很多人視愛情等同於性的激情。他們很難區分永恆的情誼之愛與短暫的性慾之愛。史密茲博士（Lewis B. Smedes）在《愛的真諦：自私世界中的無私真愛》（*Love Within Limits*）中解釋兩者的區別：

> 性愛的光閃爍又熄滅，就像性慾的風吹起又逝去……如果性愛繼續如此蒼白，它最終會走向消亡。當所愛之人不願再滿足愛人的需要時，性愛就慢慢消亡了；當所愛之人離開不再返回時，性愛就因缺乏刺激而消亡了；當愛人不再需要所愛之人的給予時，性愛就消亡了。被愛人間的需要和所愛之人的承諾共同滋養的性慾之愛，並沒

有自我生長的力量，雖然它強而有力，但它的力量並非源於自身。[1]

他的重點是：雙方都必須努力在婚姻中保持生氣勃勃的性愛。總而言之，美好的性愛並不會自然發生。

我們做了什麼？

至於我們夫妻倆真的甚蒙祝福，因為我們的性生活從一開始就很愉悅和自然。我們相信那要歸功於相似的背景，以及喬依絲在婚禮前參加的婚姻預備課程。

就某種意義來說，我們並不僅僅按著自然的本性做，更充分應用喬依絲在婚姻預備課程裡學到的知識。而她想與克利夫分享資訊的熱忱，則讓我們能夠敞開心胸，交流夫妻關係中的這個重要層面。

我們來自幸福、有教養的家庭，宣導勤奮工作的倫理觀，重視步驟與目標達成。我們將美滿的婚姻和性愛看作是可以努力實現的目標。我們認為，正是這些因素讓我們的性愛如同水到渠成般自然。

如果你和妻子在結婚前都是可靠而自信的人，對性事抱持健康的觀點、實際的期望和足夠的性知

識，你可能不需太多努力就能自然地享受強烈的性滿足。你要為此感恩，健康的夫婦按著自然的本性做，就能有健康的性行為。

但對現代大多數人來說，這並不容易。

❊ 當自然本性不再自然

性無知的男人

我們曾在幾本著作裡對於性無知的男人多所著墨。這種男人在過度保護的家庭中成長，或因其他原因，他在性發育過程中錯過了一些階段。當他進入婚姻時，竟不懂得如何自然地表現性能力。

這個男人出了什麼問題？為了明白這點，我們需要知道健康的性發育過程，到底要經歷哪些階段。

二到四歲是生殖器發育的關鍵時期，男孩開始注意他的陰莖，並知道撫弄它的感覺很好。如果他因此挨罵或受到限制，他的好奇心就會被壓抑，而無法認識到生殖器是上帝給予、一個能夠自然產生快樂的禮物。相反地，如果有人教導他，陰莖是上帝賦予男人有特別感覺的器官，是將來成為丈夫後私密而重要的部分，他就會對身體的這部分抱持健康的態度。

　　當男孩進入學前期，他對性方面的好奇會以問題的形式表現出來。如果他被肯定可以發問，並得到正確回答，他就會繼續向學齡期的探險遊戲邁進。在這個階段裡，他會想了解其他男孩的構造是否也跟他一樣，而女孩又有什麼不同。如果有人教導他什麼是適當的界線，不是透過實際經驗，而是藉由書本和談話給予正確知識，他就會學習尊重和接納他的性意識。

　　到了中學階段的青春期前，他渾身充滿了荷爾蒙的能量。男孩注意到女孩的發育，可能還會因此激動得手足無措。有時我們把這個時期稱為「試探—逃開」或「吻—逃開」階段。某些由老師督導的集體活動，比如不用手而用身體其他部位傳送橘子的這類遊戲，對青春期前的男孩來說，將是很好的引導，能幫助他們自信地過渡到可以約會的青春期。可惜的是，這類單純的遊戲，對今日大部分人來說，都只是模糊的記憶。

　　對性無知的男人來說，這些發育過程在某個點上是被干擾的。他並未帶著自信進入青春期，直到結婚後還像個對性一無所知的中學生——刺探、捏掐和抓握就是他「自然」地接觸妻子的性行為方式。

　　他的「自然」完全是不自然的，只會讓妻子厭惡。當妻子以憤怒來回應，他的自信消失殆盡，結果變得更不自然。

如果你的情形正如以上所描述，那麼你應該得到激勵，說不定你會對本書提供的訓練反應良好。只需透過妻子的協助，配合一些練習和正確的性知識，相信性滿意度的提昇將指日可待。帶著新發掘出來的能力，你的自然天性將更順乎自然。

✦ 當兩人的自然天性不一致時

克勞蒂亞進入婚姻時，設想所有的男人真正想要的就是性。她期望丈夫羅伯特是主動追求性愛的人。但在羅伯特的原生家庭裡，母親是一位精力充沛、雄心勃勃的女人，父親卻悠閒散逸，被動回應妻子對性愛的要求。

羅伯特和克勞蒂亞的緊張關係始於新婚之夜。她脫了衣服在浴室等他，期待他主動出擊；他卻悠閒地開了電視，等著她來親近。

結果她感到自己不被丈夫需要；但對羅伯特而言，妻子的受傷情緒讓他感到迷惑。當克勞蒂亞把這件事視為證據，直指丈夫對她沒有性慾，羅伯特認為這項指控對他不公平。

另一位新婚的丈夫克里斯，急切地盼望在新婚之夜與安琪圓房。在他們訂婚期間，兩人已經有過擁抱、接吻和激情的愛撫，他迫不及待想要進入性

交。克里斯認為他和安琪將在新婚之夜完成他們未完成的事。

另一方面，安琪則想像他們會從頭開始做起。那天晚上，她穿著睡衣躺在飯店優雅的大床上，等著他從浴室出來。她想像他出來時會穿著熨得服貼整潔的睡衣。

可是，當他開門後，暴露在她面前的是他的裸體——包括勃起的生殖器。她整個人僵住了。她的成長背景使她欠缺性知識，又從母親那裡接收到關於男人性能力的負面資訊。結果婚後數月兩人都無法完全結合。

欲速則不達

在我們的錄影系列節目「性的神奇與神祕」（The Magic and Mystery of Sex）中，埃里克接受採訪時這樣描述自己的婚姻：「我就像個在糖果店裡的小男孩。我總是想要做愛，但我不明白為什麼我們不能一直做。」

男人對性的急切，通常是他尋求愛的方式。也許他們很難理解，為什麼妻子想要的跟他不一樣。丈夫的猴急常讓妻子感覺被利用而不是被愛，男人的急迫反而將女人推得更遠。男人很可能透過性連

結並感覺愛，女人卻傾向將性視為愛和連結的結果。明白兩性間的差異，是達成愉悅性關係的關鍵。

男人透過性來感覺愛和連結；女人卻把性當作感覺到愛和連結的結果。

　　女人需要感覺自己被渴慕，但她也需要空間體驗自己的渴望。如果你總是在她表達自己的要求之前就要她配合你的要求，她也許會因為愛而回應你，但隨著時間推移，她對性的慾望將會越來越少。

　　當你想求歡時，不要操之過急，試著先在情感上肯定她，先與她的心連結。讓妻子時時保持性致高昂——既不是已經飽足，也不是飢腸轆轆。

你對她的興趣證明她的價值

　　還記得克勞蒂亞嗎？那個認為丈夫對自己不感興趣的新婚妻子，她變得懷疑、挑剔又苛刻。她對性親密的期望已經粉碎，感覺自己被否定了。同時，她強烈的負面反應也讓丈夫感覺自己不合格，而讓丈夫離自己更遠。這樣做的結果，當然更強化她不被珍惜的感覺。

　　另一個接受我們訪談的女子莫琳，因為丈夫

丹不會主動求歡，於是她開始擔心自己對丈夫不再有吸引力了。「可能他覺得我胖了或有其他原因吧！」但事實上她既漂亮又俐落。

如果丈夫表達性慾的方式，是藉著與妻子有良好互動，表達出自己是喜歡妻子這個人，而不只是妻子的身體，妻子就會因丈夫的渴慕而感覺滿足。當你的妻子感覺到被尊敬、寵愛和關心呵護時，你對她身體的渴望將被視為愛情的進一步表示。

史摩利博士（Gary Smalley）曾經在特倫德（John T. Trent）編著的《堅持到底：造就一個守約者》（*Go the distance: The Making of a Promise keeper*）中談到這種需要：

Love Your Wife

> 如果丈夫表達性慾的方式，是藉著與妻子有良好的連結，表達出自己對妻子的肯定，而不只是對妻子身體的需求，妻子就會因丈夫的渴慕而感覺滿足。

尊敬是所有愛的關係的核心——無論是與上帝、與我們的配偶和孩子，還是與我們的老闆和同事。尊敬某人就是認為那個人很有價值，這是我們所作的一個決定，與感覺無關。當我們決定尊重某人時，就表示那個人對我們特別寶貴和重要。2

若你平時不懂表達自己有多麼看重妻子，一旦你要表達性慾時，單單強調你的需要或對她身體的需求，她就會感覺自己只是被利用的工具。

就像約翰‧葛瑞（John Gray）在他書中所陳，男人因感覺被需要而有動力，女人因感覺被珍惜而有動力。[3]這就是為什麼，男人經常以表達需要的方式向女人求歡，因為男人認為女人像他們一樣，也會因感覺被需要而有動力。

那顯然是個誤會。如果你能認識男女的不同之處，你便可以讓你和她的需要都得到滿足。

她與你不同

她說：「所有男人的腦袋裡只有性這件事情！」

你說：「女人都這麼暮四朝三，她們總是心意不定，反覆無常。」

她說：「他從不傾聽！」

你說：「她老是講、講、講個不停……」

她說：「為什麼他從不記得我告訴他的事？」

你說：「她想要做的就是分享而已！」

她說：「如果他能照我說的那樣摸我就好了！」

你說：「昨天我這樣做的時候她明明很興奮！」

她說：「我想要的就是知道他關心我。」
你說：「我想要的就是安寧。」

你喜歡涼爽的房間，她卻喜歡溫暖的房間；你想要快點上床，她卻寧願花將近一小時的時間準備；你希望她準時，她卻寧願遲到也要看起來光彩照人。

當她撫弄你的陰莖時，你的性慾被挑起；當你走進廚房抓住她的乳房或撫摸她時，她卻推開你的手。她喜歡坐在沙發上，只要整夜親吻就好；你卻百思不解，如果她不想要做愛，又為什麼想要接吻而且讓人春心蕩漾呢？

你喜歡熱情如火的妻子；她喜歡不苛求的丈夫。這張男女差異表還可以繼續列下去，因為男女之間有很多性別差異，包括激素和功能的差異。以下是其中幾種！

1. 頻率的影響

累積越長時間沒有性行為，男人的性慾就會越強，也越容易被觸發和釋放。女人的情形正好相反，越久沒有性行為，性慾就會越薄弱，需要更多時間的愛撫，才能感受愉悅及做出回應。

2. 身體的投入

對女人來說，性行為是一種「全人」的活動，不僅僅只集中於生殖器官。這就是為什麼女人需要感受愛與連結以觸發性慾；而男人一旦被刺激就會立即觸發性慾。女人對性愛的全人反應，也解釋了為什麼女人每次的性經驗差別會如此之大，而每個女人的性經驗差別更是天差地遠。

3. 性高潮

女人有能力（但不是必須）達到多次或連續的性高潮，而大多數男人從射精後，到再度接受刺激而勃起則需要一段休息時間，可能是二十分鐘或二十小時。女人的性高潮會因內在障礙、恐懼和外來干擾等因素隨時停止；而男人一旦開始射精就不能停止，如果他希望延遲射精，就必須在尚未射精之前就先控制好。

4. 性功能障礙

男人可能會有無法勃起、維持勃起或早洩方面困擾；女人則可能有性高潮壓抑的問題。也許是因為在我們的文化中，男人對性的參與比女人更為活躍，而性刺激受控於自律神經系統的靜態分支，當自律神經系統的動態分支活動起來時，高潮便一觸即發。

5. 準備

我們基本上同意巴利・麥卡錫（Barry McCarthy）在《男人的性意識》（*Male Sexual Awareness*）中的觀點。當他採訪作家席格（Paula M. Siegel）時提到：「總而言之，男人像是自動裝置：他們在進入性交前已經進入預備狀態，如果他們的伴侶沒有和他們一樣進入預備狀態，他們便會感覺沮喪。男人以量而非質來衡量對性的滿意度。女人則需要一些互動激發性趣，例如與伴侶玩追逐遊戲。女人關心做愛的質更甚於量。」[4]

男人與女人間的差異導致極大的衝突，卻也帶給性生活更多樂趣。我們認為男人極易於了解、易於取悅、不那麼複雜且較本能；而女人則是新的改良版，畢竟，她們是在男人之後被上帝創造的。

女人較男人更加複雜，而且難以預測。女人就像海洋，總是善變而多面向。

你可能會說：「為什麼上帝不將女人造得更像男人呢？那就容易多了。」

我們說：「多麼乏味啊！」

多麼不實際。在長達一輩子的婚姻中，男人的穩定性和女人的多變性相互結合，正是保持性愛生氣勃勃的關鍵。

雖然討論了這麼多男人和女人的差異，仍有一些人會發現自己是例外。某些女人認同社會上對男人的概括論述，反之，某些男人對女人也是如此。重要的是，你和妻子要認識**彼此之間**的差異。

> Love Your Wife
>
> **在婚姻中，男人的穩定性和女人的多變性相互結合，正是保持性愛生氣勃勃的關鍵。**

當你認識到這些差異後，讓這些差異成為你們的關係中的助力而非阻力。明白這些問題的關鍵，才能在你們的婚姻中解決性的衝突，開啟激情的大道。

給自然一點空間

自然而然發生的是很美好的，如果這帶來你們想要的愛、熱情和親密關係，結果相信令人滿意。對某些夫婦來說，的確是如此。

但對大多數人來說，「自然而然發生的性」卻需要一些計畫。對兩人之間的親密有所準備能提升品質，時間的分配可以改善量方面的問題。

滿懷期望

還記得那些你精心策畫一些令你激動不已的浪漫約會嗎？是什麼使得這些約會顯得特別？

可能是對細節的關注——讓每個情境都能朝對的方向進展——並且對將發生的事情滿懷期待。

對已婚夫婦而言，要享受一輩子愉悅滿足的性愛，需要做好足夠的準備。美好的性生活，並非只奠基在對另一半的強烈渴望，然後兩個人的身體合而為一就好。這些情節可能出現在電影中或婚姻初期，但它的前提是性行為會自然而然發生在你身上。事實上，你應該自己選擇性生活的質與量。

很多夫婦都擔心，如果他們刻意安排性愛，一旦真要進行時就不會「有心情」了。但計畫能夠預備你的心情。如果你能設定一些對雙方都有利的情境，你們的性愛品質和強度都會逐步上升。

預先規劃特別能滿足女人與丈夫親密時刻中的需要，可以排除扼殺激情的各種干擾，或至少減低干擾發生的可能性，比如拔掉電話線，放個「請勿按門鈴」的標誌，確認孩子們已入睡或把孩子們寄放在朋友家裡，事先餵飽嬰兒並且換好乾淨的尿布（當孩子還是嬰兒時，我們很確信他們有自動感應機制，他們不希望我們有性行為），將可能纏繞你的一些工作和想法拋諸腦後。

　　預先規畫也能幫助一個女人將身體和性取得聯繫。幻想即將到來的情景，做一次特別的精油沐浴，將腿毛刮乾淨，回憶過去與你共有的激情體驗，或者加強技巧學習與演練，都可以激發女人的性能量。

你性生活的次數

　　你們應該多久在一起一次？你們應該預先考慮哪種形式的親密？這裡有六個建議：

1. 每日簽到

　　每天保持一些身體接觸的夫婦，性行為的頻率將會更頻繁，也更能享受性的愉悅。每天

每天保持一些身體接觸的夫婦，性行為的頻率將會更頻繁，也更能享受性的愉悅。

的身體接觸時間，可以是在上班前、下班剛回家後、晚飯後、就寢時或任何你們認為恰當的時間。如果你們還無法做到每天自然地發生身體接觸，請一起查看日程表，並選擇兩人都覺得妥當的時間來互動。

　　每天互動的時間可持續五到十五分鐘或更多，

用這段時間來分享彼此的生活，檢查情感的發展，一起禱告並一起閱讀。

對了，不要忘了親吻——以吻慶祝你們的關係。溫柔體貼地親吻，激情熱烈地親吻，在你感覺悲傷或幸福時親吻。我們將親吻當作衡量夫婦親密關係和激情程度的溫度計。來尋求性行為治療的夫妻中，我們很少遇見一對能夠規律、熱情地相互親吻。

問問你的妻子，她覺得你的親吻如何。如果你們當中的一人對另一人的親吻感覺不好，就用一個晚上來討論彼此喜歡怎樣的親吻，並且讓兩人輪流引導。一個好的接吻者通常既不會太猛烈也不會太遲疑；他的吻不會太濕潤也不會太乾燥；他會逗留，但不會過久；他溫柔如嬉戲般地使用舌頭，但不強迫。試試看你們知道多少種接吻方式。

2. 短促的性交

「短促的性交」就像一道點心（雖然我們不贊成在晚上十一點新聞過後的五到七分鐘進行），能幫助多數夫婦維持運轉，直至有時間吃更豐盛營養的大餐。

一般來說，所有的性體驗都必須注意雙方的滿足感，但小點心可以只是為其中一方或雙方而預

備。小點的內容可以包括性交、高潮或射精，也可以不包括上述的任何一項。重要的是，不要讓妻子有被侵犯的感覺，一切都必須在雙方願意下進行。小點可能會讓其中一人比另一人更滿足，但是絕對不能建立在單方面精疲力盡的付出。

在你們的性饗宴上，小點雖然算不上是主食，但也可以興趣盎然：一次下午茶，一份日出早餐，或者一份睡前消夜。切記，你可以靠小點支撐活命，但不可讓它取代正餐。

3. 定時正餐

我們推薦的性愛固定週期大約是每週一次，要更多或更少取決於每個人的需求。為這些親密作計畫，幫助你們的生活和身體合而為一，彼此取悅、彼此欣賞，讓從興奮到釋放的整個交流過程都正如你們所渴望的一般。

這些「正餐」應該讓雙方都心滿意足，任何一方很疲倦或很匆忙時都不要進餐。兩個人都應該是活躍的參與者，在合乎彼此期願、不侵犯另一方的情況下，可以自由地表達自己的性慾，有聲或無聲地交流他們的喜好和厭惡。符合這些條件的每週「進餐」，將能維持健康活潑的關係。

4. 自助餐

若想增加性生活多樣性，可以找個時間讓雙方自由地各取所需：兩人可事先列好一張關於性活動的選單，輪流從清單上選擇最喜歡的一項進行（它有可能已在清單上，或臨時起意也可）。你們可以有一次「男士之夜」或「女士之夜」，又或者輪流扮演娛樂者和接受者。

5. 新式烹調

現在很多餐廳以提供創新的輕食為特色，菜餚分量不多，但新奇的滋味讓人唇齒留香，十足吃爽不吃飽。創新的性愛也差不多是如此，它不在乎吃得多飽，但新穎的方式、美妙的感覺和愉悅的畫面足以讓你滿足。至於如何創造讓自己熱血沸騰的性愛，可以參考本書第十一章中所介紹的一些方法。

6. 珍饈美食

一頓美食家專屬的饗宴價值不菲，但離開餐桌時帶走的那份溢乎言詞的滿足感，總會

Love Your Wife

成功婚姻的時間分配方針：每天十五分鐘，每週一個晚上，每月一天，每季度一個週末。

不時迴旋在腦海中。偶爾抽出一整天或一個週末，彼此完完全全地品嚐對方、享受對方。如同你們其

他的親密時刻一樣，這次也應該是雙方都感到渴望及愉悅的。你們將會發現，這是一次讓人驚奇的美妙體驗。

我們為你的私人關係所提供的浪漫又合乎自然規律的指導方針，是每天十五分鐘，每週一個晚上，每月一天，每季度一個週末。不管你們排程的重點是什麼，一定要將時間預留下來。我們相信，按照這個時間公式建立關係和表達關心，將會讓兩人都心滿意足。

✤ 討論你們的性關係

有時，美好的性愛不會自然地發生；有時，你想要在婚姻中發現更美好的愛、激情和親密關係。

這時就要特別空出一段時間，用來釐清兩人不同的需要，然後討論出令雙方都滿意的性關係。你們甚至可以寫下來。

首先，分別寫出或說出你們各自希冀的性關係。這裡有一些問題要回答：

➦ 你希望多久有一次身體接觸？

➦ 應該是什麼樣的接觸？

➦ 誰應該主動？

- 做什麼預備是重要的？
- 一天中什麼時間最好？
- 每次要持續多久？
- 將包括哪些活動？

可以增加任何你們願意包括在性親密計畫中的項目。

「協商討論性關係」雖看似冰冷，但一旦執行後，你將驚訝地發現，當彼此的需要被傾聽與回應，當彼此為著這些需要量身訂做專屬計畫，這中間能夠激發出許多熱情。

你和妻子都是獨一無二的個體，因此雙方存著差異。如果對這些差異視而不見、不思解決之道，卻只單單期待美好的性愛會自然而然發生，至少從長遠觀點看來，那是十分不切實際的想法。

婚姻中美好的性愛，不僅僅是對激情的自然回應。當最初的激情降溫時，如果希望兩人的性生活能夠成功過渡到一個完全滿足且能延續幾十年的狀態，需要好好經營你們的關係，特別是性生活。你們必須更加了解自己、了解彼此、了解對方的親密需求、彼此取悅，讓自己值得對方信任的同時也信任對方，計畫並且滿心期待你們的親密時光。

chapter 03

按照她的方式做

喬 依絲走過克利夫的書桌旁，看著他的計畫表說道：「這太有趣了，我們一起來寫！」讓兩人成為一個團隊，共同計畫美好性生活的主意，激勵著喬依絲。克利夫並非一無所獲，事實上，對一個女人來說，分享、交流和感覺是親密關係中最關鍵的要素，在雙方連結的過程中，她會覺得自己被愛。

每個人都需要來自上帝的愛和他人的愛。渴望與上帝以及他人建立親密關係，是為了努力抵消我們的孤獨感。

在婚姻中，男人需要的連結可能像女人一樣多，但對大多數人而言，這種需要並不容易**察覺**。男人常通過性滿足他們對連結的需要；女人則會尋求親密感，因為她們需要先有連結才能有性。

因為女人對於親密連結的需要更為直接，所以我們建議你「按照她的方式做」。當你按

男人對連結的需求和女人不同，我們建議你「按照她的方式做」。

照妻子想要的方向行動時，你將更幸福，性愛也會達到最好的效果。

為此，你需要了解關於女人的一般情形，以及你妻子的特殊情況。

❀ 認識你的妻子

克利夫與他的父母和三個姊妹一起度過成長歲月，他知道女人在很多方面與男人不同；喬依絲則除了父母外，還有三個兄弟和一個妹妹伴隨她長大成人，她對於「男女大不同」這件事處之泰然也是源自其成長經驗。

不管你是否生長在有姊妹的家庭中，你都必須了解女人與男人間的差異。於此，有七個方面值得特別關注。

1. 母性需求

只有女人能在身體裡孕育下一代。上帝賦予女人

Love Your Wife

接受你妻子對養兒育女的極大渴望。

在生理上和情感上培養胎兒和嬰孩的能力，上帝以含有促進養育傾向的激素創造女人。我們相信，因著上帝的設計，女人比男人更渴望養兒育女。

當你了解到妻子對此的情感需求可能遠大於你時，你大可以放心，因為這表示，你無須再去嘗試製造一些你本來就沒有的需要，你只要按照她的主張回應她的需要便可。回應她的養育需要，也將帶來更良好的性親密關係。

2. 荷爾蒙的模式

男人和女人在荷爾蒙上的差異，從在子宮裡就已經開始了。比如，男性睪丸激素必須盡量釋放，才能讓男孩發育成為正常的男性。

雌激素和黃體素控制女人的許多功能，比睪丸激素對男人的影響更大。女性荷爾蒙與女人月經週期、生育功能（包括哺乳）及情緒起伏息息相關。你越了解女性荷爾蒙，以及它們對妻子的影響，你就越能「按照她的方式做」。

為了幫助你們更明白女性荷爾蒙的模式，我們建議女人製作一個特製的日曆，記錄的項目包括：生理週期天數（如果尚未停經）、情緒起伏、需要、性趣、性行為及對此的感受，還有其他影響丈夫和妻子、影響夫妻關係的事情。這應該是她的私人日曆，而非你對她的評估表，說不定也許哪天她會心甘情願與你分享這些記錄。

3. 情感關係的渴望

女人需要感覺被關心，需要感覺人格被尊重，需要丈夫看重她的人而非她的身體。當她獲得理解與肯定後，便會渴望與丈夫有性的結合。

辨別感覺對很多男人來說是件困難的事，特別是當事情看起來又不那麼重要時。你如何知道妻子心裡在想什麼？也許你連自己心裡在想什麼也弄不清楚。

一開始，你可以從情感和關係上去了解你的妻子，有意識地去做，而且有必要不斷練

Love Your Wife

男人常通過性來滿足他們對愛與連結關係的需要；女人感覺人格被尊重時，就會渴望與丈夫有性的結合。

習。可能傾聽和理解對你而言並不是自然的舉動，但相信你將因此得到極大的回報。即使你的嘗試有些蹣跚，妻子仍會熱切地回應你。

這好像是個花招，但它事實上不是。因為你沒有辦法長時間偽裝，她總有機會識破你。只有當你真心誠意地關心她時，她才會感覺被愛，也才會對性愛更開放、更感興趣。

4. 家務的需要

很多女人在忙碌一天之後，已沒有多餘的精力

應付性事：工作、整理房子、準備食物和教養小孩等大小事已讓她筋疲力盡。如果這些責任是她獨自「背負」，即使你試著幫她做了部分，她仍會感覺壓力沉重。你要幫她完全承擔某些義務，她肩上的重擔才能卸下，才有多餘的精力與你相處。

問問妻子，做什麼事最能幫助她。關心她的壓力和急迫，與她交流你的經驗，協商怎樣互相體諒，尊重彼此的需要，她才會將你的關心當作你愛她的重要表示。

5. 靈性

什麼事情可以讓妻子覺得在靈性上與你相連結，這點要特別注意。如果可行，由你來帶領你們的靈性關係。如果她比你更喜歡一起讀《聖經》和禱告，在她提議時你就要配合。另一方面，如果她對你的靈性帶領感覺有壓力，你就退一步，問問她想要從哪裡開始著手。

女人經常覺得自己與丈夫之間缺乏靈性連結而灰心沮喪，她們說：「他想要的就是性！」為了靈性的契合，你們應該協商出滿足各自需求的方法。

6. 性愛的條件

享受性愛的必備條件因人而異。哈特博士（Dr. Archibald Hart）在他的著作《有性之人》

（*The Sexual Man*）中提到，不願等待性愛的適當條件出現，是造成婚姻中性困擾的主要原因。[1]

雖然很多人都沒有想過或解釋過何謂「適當條件」，但對你們而言，這樣的討論或許很有趣。適當條件可以包括時間選擇、休息狀態、衛生習慣、誰主動、隱私等多方面，把條件講清楚，可以減少雙方的壓力和猜測。

作為一個女人，她的要求可能比你更多，而這些要求可能會讓你覺得煩擾。男人經常問：「為什麼不能就這樣做呢？等到她要求的所有條件都達到了，我也不想做了。」

Love Your Wife

當你真誠地關注你的妻子時，她的心會向你敞開，她對你的性吸引力也會增加。

當條件本身成為一種要求時，雙方需要協商。需要某些條件的人必須為此負更多責任。當每個人希翼的條件都得到調解、被尊敬、被關注並被達成的時候，性愛才能發揮它最大的可能。

7. 性愛的觸發

男人常因看見妻子裸體、脫衣或是打扮撩人而春心蕩漾。男人若做出同樣的舉動，也會讓某些女人「性」趣盎然，但這並不普遍。

　　深情的目光、溫柔的撫摸、讚美的話語、主動的親吻、甘心的服務、共度的時光、愜意的談話和稍微的縱容——這些對女人來說，更像是性愛的催化劑。

　　你的妻子可能知道什麼能觸動她的性慾，但她從沒想過要告訴你，或者她相信如果你愛她，你應該會知道。揭開她性慾之謎的鑰匙，將是你們性關係中最重要的轉機。一旦你擁有這把鑰匙，不要用它去得到你想要的，而要尊重並給予妻子所渴望的愛。

❀ 按她的方式行動

　　認識你的妻子只是開始，你更需要按照她的方式行動。

　　你開始接近她時，要把她當作一個人。這是一整天、每日的過程，而不是為了十點四十五分可以做愛，所以在晚上十點四十分才開始。這是一個根本概念，一開始你可能不喜歡這個想法，但它卻很有效，這也是本書的中心概念。

　　如果你什麼都記不住，請記住這點：為了最美好的性愉悅和滿足，請學習傾聽並跟從妻子的引導，回應她的渴望。

為什麼這樣做可行呢？有四個理由：

她比較複雜

你的妻子是非
常複雜的生物，無
論從情感、生理、
靈性、關係和性各
方面看來都是如

**在性方面，女人不論是在身
體部位或是生理反應上都更
為複雜。**

此。在性的領域裡，她的多變和力量表現在性事
上，顯得不可測且反應激烈——兩者都讓你感到脅
迫和困惑。

女人在性方面的複雜，可從解剖學和性反應角
度觀之。以下我們分別來看：

解剖學上，男人主要的性器官是陰莖；女人主
要的生殖器有陰蒂、陰唇、陰道和其他更精細的部
分。男人有睪丸、前列腺和將精子及精液排出體外
的輸精管；但女人的生殖系統更錯綜複雜，她有子
宮，有卵巢（青春期開始製造卵子並將之排出），
有多皺摺的陰道，且女人的泌尿系統與其生殖系統
完全分開。

女人的性反應發生在幾個部分。她比男人有
更多的身體器官涉入性體驗——這也解釋了為什麼

女人的性興奮比男人來得慢。從外表看，有充血的陰蒂、變化的內外陰唇和勃起的乳頭；從內在看，她的陰道外三分之一會充血，內三分之二會膨脹，且為了防止陰莖進入時產生傷害，子宮也會隨之移動，還有其他內部器官的反應。女人的高潮反應中心也有兩個——陰道和子宮的收縮。

她更全面

對女人而言，性是一種全身和全人的體驗。當丈夫照顧到她整個人，而不只是性感部位時，她會感覺很美妙。

根據美國知名兩性婚姻專欄作家安·蘭德斯（Ann Landers）的調查，如果女人們必須在擁抱和性交中作選擇，她們會選擇前者。

為什麼？可能是因為擁抱可以帶動全身，包含情緒與身體，與整個人產生關連。

她更內在

男人的生殖器「就在那裡」，女人的生殖器卻被關在身體裡，或者說在體內。

對男人而言，很多性經驗是外在的。他越興

奮，陰莖就越突出；當他射精時，精液就從身體排出來。

對女人而言卻相反。雖然她的性慾被觸發通常始於外部刺激，但她的性反應大部分是內在的，甚至陰蒂和陰唇的外在反應也是隱藏的。當她更興奮時，改變更是朝內發展。高潮的最深反應，也就是子宮和陰道的收縮，就像從她內在核心發出振動，如同漣漪一樣擴散到全身。

她雙軌運作

人們常說男人是單軌思想，而女人如果不是多軌，至少是雙軌。

對女人而言，生理上被觸發與情感上的就緒，都是進入性交或高潮所必須。

當男人勃起，便自然地準備直搗黃龍、一舉成擒，直達性反應頂峰。但女人在生理上被觸發，並不保證她已作好進一步性行為的準備。她可能在十到三十秒內，因為生理刺激而陰道濕潤及乳頭勃起，但這離準備性交和高潮還有相當距離。

換句話說，她的身體可能已經準備就緒，但情感上還沒有。她必須在情感上與丈夫調和、搭配並連繫，才能向他敞開自己，讓他以那種深深融合為一體的方式進入她的生命。

男人很難理解這種雙軌系統。但是，如果你對妻子的需要保持一定的敏感度，並願意為她服務，你就會接受她的系統。你將會給她充足的時間和條件預備雙軌，包括情感的交流和生理的回應。

按照妻子的方式行動會豐富你的性體驗；相反地，要她配合你的步調，會使她覺得徒勞且空虛。讓她設定節奏，兩人才能以共同的感覺享受接下來的春宵。

❀ 她聽從她的身體，你聽從她

有人稱所羅門王是有史以來最偉大的情人。讀了所羅門的愛情詩《雅歌》之後，你將會發現一種典型，就是當丈夫讓妻子設定步調時，可以擁有多麼美好的性愛。

為什麼所羅門要歌唱

所羅門充滿愛慕地談論著他的新娘，讚美她的曼妙和可愛，稱讚細緻入微的美麗：「我的佳偶，你全然美麗，毫無瑕疵！」（雅歌四章7節）

他喜愛她的頭髮、顴骨、嘴唇、眼睛和小腹，他用象徵的語言形容自己對她性感部位的讚賞，他對她的人格和性特徵都滿懷傾慕。

這對她意味什麼？這會點燃她的熱情，想讓丈夫更靠近，邀請他品嘗身體的性感果子：

北風啊，興起！
南風啊，吹來！
吹在我的園內，
使其中的香氣發出來。
願我的良人進入自己園裡，
吃他佳美的果子。

～雅歌四章16節

她心甘情願地向丈夫提出身體進一步結合的邀請。他回應了邀請：

我妹子，我新婦，我進了我的園中，
採了我的沒藥和香料，
吃了我的蜜房和蜂蜜，
喝了我的酒和奶。

～雅歌五章1節

有效的公式

以下公式對所羅門奏效，相信對你也一樣有效：

1.丈夫要喜愛他的妻子。

2.當她感覺被寵愛時，她的熱情會被點燃，她便會邀請他共享性愛。

這是另一個核心概念，一個擁有長久滿足性生活的關鍵。

回想一下當年你們談戀愛的日子。可能你對準新娘滿口甜言蜜語，而她也對你有所回應。她對你的期望讓你充滿信心，你又表達出對她更積極動人的傾慕，於是她有更多的渴盼。在兩人的互動中，她的回應和興趣讓你深感滿足。

這種積極的互動，在結婚後不一定就會停下來。當你寵愛她而她回應你時，雙方的愛情就會繼續滋長，良好的互動便能持續一輩子。

我們曾與一位服事於全國性宣教組織的男子談話。他擅於洞察教會脈動，引領教會看見更深遠的慧見。然

> Love Your Wife
>
> 公式：
> 丈夫寵愛他的妻子；丈夫對妻子的肯定點燃妻子的激情，促使她邀請他共享性愛。

而，他的妻子覺得孤單，被丈夫撇下，不被傾聽。因為他的漠不關心，她一直「性趣」缺缺。他們差不多六個月都沒有性生活。

我們建議丈夫服侍妻子一如服事教會，覺察她所經歷的種種，並與她交流。他雖然感到遲疑，但

仍採納建言，將較會服事經驗應用在妻子身上。結果不到三天，妻子就願意與他親密。

為什麼？因為她感受到他想要傾聽，和她互動交流的努力。

每個女人都希望丈夫真誠地關注她的人、她的生活和她的感覺。感受到丈夫的關愛，遠勝過得到鮮花和巧克力，對性的渴望也會緊隨而來。

讓她自在地獲得

你的愛慕將會讓妻子對自己的性魅力更有信心，並幫助她接受你的愛。

要使配偶雙方都有美好的性經驗，女人一定要能自在地獲得，無論在撫摸、快感、性的激發和激情方面都可以提出，如此她就能追尋自己需要的「性福」。當她不是因被動要求，而是因主動邀請而得到滿足時就會開心。她開心，你也會開心，沒有人吃虧！這是雙贏的局勢。

如果你的妻子很難接受「女性性主動」的觀點，你可能需要啟動她體內的「性主動」開關，不管你喜歡與否，她腦中一定有那個開關。

如果她認為自己的責任只是讓你予取予求以

便討好你，而不是
採取性主動姿態，
那麼，她需要你協
助她體驗屬於她的

**當她學會聆聽她的身體並追
求她所需要的「性福」，你
們會達成雙贏的局面。**

樂趣。女性在性事上由被動轉為主動的轉換需要時
間，可以將之視為一個長期目標。在未來兩年內，
兩人一起努力，幫她找到自己的滿足感，而不是單
單取悅你。你們將會為最後的成果歡呼喜樂！

設定步調

所羅門的《雅歌》描述新娘如何採取性主動。
她說：「我脫了衣裳……我洗了腳。」（雅歌五章
3節）她預備好自己的身體，尋求他，招喚他的愛
撫，渴望他進入她的體內。他的愛慕喚起她的性衝
動，於是她的陰道濕潤不己（雅歌五章5節：我的
兩手滴下沒藥）身體為他敞開。

實際上，在我們的婚姻研討會中，當談到男人
需要放慢速度時，每個女人無不點頭稱是。就像指
針姊妹合唱團的歌曲中強調的，每個女人都想要擁
有具有「溫柔雙手」的男人。

就性方面而言，男人通常比女人速度快一些。
但無論在強度還是活躍度上，男人都應該把步調調
整在妻子之後。有一對夫妻將此比喻為兩人一前一

後騎腳踏車，丈夫必須讓他的前輪時時緊跟在妻子
腳踏車之後。

涉及到陰蒂刺
激時，由女人設定
步調和引導撫摸尤
其重要，大多數男
人都太直接。一般

Love Your Wife

重要觀念：
在性的強度與活躍度方面，
保持你的步調在妻子之後。

來說，女人較喜歡溫柔如輕言細語般的愛撫，比如
輕觸她的陰蒂包皮（非陰蒂頭），撫弄她的陰毛，
或摸索她的小陰唇。

女人喜歡的愛撫方式可能每天改變，甚至時刻
都在改變，所以你需要妻子的教導。不過，你越興
奮就越可能忘記妻子的需求，以自己偏愛的速度和
強度愛撫她；如果你減速，讓她引導，你想要加快
的衝動就會減低。

為此，你的妻子必須願意表達自己的需要，並
將需要傳遞給你。鼓勵她說出來，或使用非語言的
溝通方式。開始時，可以讓她告訴你，怎樣的愛撫
方式和快慢節奏才會讓她覺得享受。她引導你時，
可以移動她的身體或移動你的手。當你變得更放鬆
時，將不會把她的引導看成批評，而是看成一種證
明，證明她已經可以自在地追尋樂趣。日復一日，
她可能就不再需要經常地引導你了。

　　這裡有兩個練習供你嘗試。兩種情形下，你都要背靠床頭坐著，讓她坐在你兩腿之間，她的背靠著你的胸部。第一個練習，她將自己的手放在你的手上面，再引導你的手去愛撫她身體的前面部分。第二個練習，當你愛撫她時，她在過程中不斷說明彷如實況轉播般，讓你詳盡了解她的思想和感覺。

　　你們可以調換角色，讓她能更了解你，總之，創造自己的學習方法。一旦能夠敞開心房交流性生活中的好惡，處理好這個尷尬難題，她會覺得在性愛過程中，要求並追尋自己的需要將變得容易許多。

敏感的問題

　　說到按照她喜歡的方式愛撫，速度並不是唯一的問題。還有四件事情你要銘記在心：

1.　環形的愛撫

　　男人撫摸時容易直線條地來來去去，但一般而言，女人喜歡畫圓式的愛撫方式。

Love Your Wife

男人撫摸時容易直線條地來來去去，但女人喜歡男人畫圓式的愛撫方式。

這與女人的溝通方式有些類似。男人的溝通方式是直線溝通，傾向直指切入，女人則是曲線溝通，喜歡拐彎抹角談論事情。

當喬依絲告訴克利夫一件事情、一項採購計畫或某種感受時，克利夫通常回答：「直接說結果就行了。」喬依絲為此而困擾。她想要告訴他**導致**結果的原因並**解釋**每個細節。她試圖婉轉地表明自己的觀點，而不是直截了當說出來。

約翰‧葛瑞博士也注意到這種男女差異：

> 當女人不需要直接說出主題時，她們最享受這種談話氣氛。很多時候，為了放輕鬆或為了與某個人更接近，她們喜歡隨意地閒聊，再逐漸表明她們到底想說什麼。這種情形用來比喻女人如何享受性愛也十分貼切。當男人接近禁區時，他不急著攻城掠地，而是慢慢鋪陳、欲擒故縱，讓女人樂此不疲。[2]

所以，愛撫妻子時，請試著做環形運動，沿著她的身體曲線進行。當你進行抽送時，可以鼓勵她自己做環形撫摸。

2. 別耗在一點

不要一招用到底！男人傾向於在同一個地方停

留過久。當他發現妻子某個敏感部位後，就會不斷
搓揉它，直到那個部位麻痺。你應該讓妻子欲罷不
能，而不是讓她想推開你。寧可在她意猶未盡時離
開，也不要在她想推開時離開。

3. 推陳出新

上次有效的愛
撫方式，這次不一
定奏效，這種不可
預知性，普遍讓男

對上次有效的愛撫方式，這次不一定奏效。

人感到沮喪，他們想理出頭緒，找出問題的癥結。
當妻子對你的某個愛撫曾經反應熱烈如今卻冷淡以
對，你的壓力便迅速上升。

接受這種不可測吧！「變化多端」將為你的
性生活帶來樂趣！女人的起伏波動讓性愛因此更生
動，她的善變，正是你必須跟從她引導的另一個根
本原因。

4. 帶著承諾的挑逗

挑逗在性愛中佔有一席之地，但必須對雙方都
積極有利，絕不能相互捉弄或引起不快。

挑逗的愛撫能挑起對方的性慾，就像聞到烤爐
中的巧克力蛋糕，會讓人忍不住流口水一樣。挑逗
帶來期望，也是一個承諾！

挑逗是性滿足的保證而非抑制，採取迂迴曲折的策略而不直搗黃龍。在你接近最敏感的刺激部位時轉身離開，反而提升愉悅的強度。

當你恣意撫摸妻子身體，在她的乳頭、陰蒂和陰道間流連忘返，切記不要因為過度興奮而直奔「那裡」，你當接近、然後以畫圓方式回到身體一般部位的觸摸。當你再次接近乳房和生殖器官時，同樣以畫圓方式輕柔地觸摸。從一般部位再度回到這些部位時，記得停留、徘徊一陣子。

你可以在抽送的過程中暫停十秒，但這麼做不是為了讓她失望。如果她的高潮發生在暫停期間，你的挑逗可以激起她更多的欲望。當她正逐漸進入高潮，若你在此時停止抽送，會讓她敗興而返。欲擒故縱是為了挑起她更多的欲望。

記住她的需要

女人常因為男人記不住她的話感到沮喪。妻子確定自己已經告訴丈夫一百次，她喜歡怎樣的性愛方式，但丈夫就是不按照她的要求做，還辯說自己不知道她想要什麼。

為什麼？我們認為，男人的記憶與他的興奮區處於反向的部位。正如一位朋友的暗喻：做愛時，

他的血液已經不在大腦裡了。性興奮時，血液接受大腦指令，流向沒有記憶的地方！

有兩個真正的理由可以解釋，為什麼妻子們相信丈夫應該知道她們的喜好，以及為什麼丈夫們似乎不知情。

第一，丈夫似乎很難相信並且記住，妻子的性感受及性高潮與自己的體驗竟如此不同。

第二，妻子似乎不習慣把自己對性的渴望和需要告訴丈夫。許多女人心中滿是迷思，以為男人是當然的性專家，能夠讓她飄然欲仙，他好比身穿閃亮鎧甲的騎士，能夠點燃她對他的渴望，這一切彷彿不言自明。當這一切沒有發生時，她不得不將自己的喜好厭惡告訴他，她對於自己必須主動溝通感到失望。

你們兩人可以拋棄積習和成見，試著從對方的立場與角度思考。你將體認到，你視為理所當然的事對她不一定如此；她將了解，在任何特定時刻，男人對於她腦袋裡突發的奇想毫無概念。

她傾訴自己的需要時，一旦你仔細聆聽，你就會記住，她也會開心，親密關係就隨之升溫了。

提醒的話

當我們談論到跟從你妻子的引導時，並不是說你應該消極被動，或者關閉你自己的性慾。對你而言，繼續傾聽，並用肯定而非要求的語言表達你個人的性慾，是非常重要的。

由妻子引導，並非允許她忽略你的需要。她在引導過程中的感受力，與你接受她引導時的感受力同樣重要。她的角色是設定步調、學習獲得，並與你一起享受性愛的樂趣。

❀ 美好的性愛必須讓雙方獲益

當你仰慕你的妻子，因她快樂，與她談話，撫摸她，並按照她的步調行動時，她對你的回應將讓你享受到超越想像的美好性愛。

當然，沒有那種親密感的性也可能存在，例如召妓或觀看網路色情圖片。但是，那種將兩人帶進更深入的關係，共同享受一輩子的愛、熱情和喜樂的性，只有在婚姻中才能得著。

想要享受更美好的性愛，就必須讓她對性的體驗和你的性體驗一樣精彩，而這需要你跟從她的引導。

　　如果你懷疑這點，可以先嘗試幾個月。你可能
會對結果驚訝不已。

chapter 04

你的權利：她的就是你的嗎？

有些男人認為結婚以後，妻子的身體就屬於他們所有。這裡有一個極端的例子，是從《洛杉磯時報》（*Los Angeles Times*）摘錄的：

兩年前，拉米羅·埃斯皮諾薩用一把刀撬開妻子在閣樓上的臥房，要求與她發生性行為。那時，他認為天主教會想當然地會支持他的行動。

但在上週，當他面對強暴未遂和虐待配偶的起訴時，以此作為辯護卻不奏效。天主教的神職人員說他有錯，法官宣判他將在郡立監獄服刑一年。

性治療專家潘尼夫婦說：「自古以來，人們硬將宗教拉進臥房。

「新約中爭論的焦點，通常自使徒保羅寫給哥林多教會第一封信中的一個段落展開：『丈夫當用合宜之分待妻子；妻子待丈夫也要如此。妻子沒有權柄主張自己的身子，乃在丈夫；丈夫也

沒有權柄主張自己的身子，乃在妻子。夫妻不可彼此虧負。』」[1]

❋ 將你所有的給她，她就將她所有的給你

這些經文是個人根據實際情況應用在生活上的指導原則，而不是用來判斷或視要求為正當理由。有些男人把哥林多前書七章3至5節當作律法，以此主張他們的性權利，或者慢慢讓妻子內化這樣的價值觀，只要她們沒有履行好「作妻子的義務」，妻子便會產生內疚感。

這是《聖經》的原文：

丈夫當用合宜之分待妻子；妻子待丈夫也要如此。妻子沒有權柄主張自己的身子，乃在丈夫；丈夫也沒有權柄主張自己的身子，乃在妻子。夫妻不可彼此虧負，除非兩相情願，暫時分房，為要專心禱告方可；以後仍要同房，免得撒但趁著你們情不自禁，引誘你們。

這段經文的本意，是說明**你可以做什**來讓性關係更美好，而不是演變成一場關於**上帝要你的配偶做什麼**的家庭戰爭。

通向性滿足的最佳途徑，便是體認你的身體不單是屬於你的，也是屬於妻子的。不要有所保留，而要甘心樂意為彼此付出，一如耶穌為教會捨命，也希望教會為耶穌犧牲。

✳ 愛妻子的方法

你如何愛你的妻子如同基督愛教會？這聽來似乎不可能，但使徒保羅用這些話激勵我們：

> 這不是說我已經得著了，已經完全了；我乃是竭力追求，或者可以得著基督耶穌所以得著我的。弟兄們，我不是以為自己已經得著了；我只有一件事，就是忘記背後，努力面前的，向著標竿直跑，要得神在基督耶穌裡從上面召我來得的獎賞。
>
> ～腓立比書三章12-14節

你無法完全如基督愛教會一般愛你的妻子，但這可作為你努力達到的標竿。

僕人型領導

在基督教信仰裡，丈夫是妻子的頭，如同基督

是教會的頭，以弗所書五章22至27節闡述這一個觀念：

> 你們作妻子的，當順服自己的丈夫，如同順服主。因為丈夫是妻子的頭，如同基督是教會的頭；他又是教會全體的救主。教會怎樣順服基督，妻子也要怎樣凡事順服丈夫。你們作丈夫的，要愛你們的妻子，正如基督愛教會，為教會捨己。要用水藉著道把教會洗淨，成為聖潔，可以獻給自己，作個榮耀的教會，毫無玷污、皺紋等類的病，乃是聖潔沒有瑕疵的。

僕人型領導包括基督樣式的三個特徵：

1. 已預備好要服務；
2. 面對困難的挑戰不臨陣退縮；
3. 為他人捨棄自己的權利。

放棄你的權利

你擁有與妻子享受美滿性生活的權利；你也被要求愛妻子如同基督愛教會。基督的權利是歸屬於天父；祂因為對教會的愛，一度放棄祂的權利：

> 凡事不可結黨，不可貪圖虛浮的榮耀；只要存心謙卑，各人看別人比自己強。各人不要單

顧自己的事，也要顧別人的事。你們當以基督耶穌的心為心：他本有神的形像，不以自己與神同等為強奪的；反倒虛己，取了奴僕的形像，成為人的樣式；既有人的樣子，就自己卑微，存心順服，以至於死，且死在十字架上。

〜腓立比書二章3-8節

有時，為了愛妻子如同基督愛教會，你可能必須放棄性滿足的權利。思考喬治‧吉爾德（George Gilder）在《男人與婚姻》（*Men and Marriage*）中的觀察：

作重要犧牲的是男人。男人放棄他追求短期性自由和自我實現的夢想——他的男子氣概和自我表現——為了一生照顧一個女人和家庭。這是一種帶著創痛的行動：放棄他最深的渴望、獵豔和追逐的喜好、摩托車和曠野的路……即時的快感……這種男性的犧牲……對文明的發展是必須的。2

這聽來有那麼一點像基督為世人所做的。

留意她的興趣

要愛你的妻子如同基督愛教會，你要將你的妻

子看得比自己更重要，將她的性需要看得比自己的
更重要。

以弗所書第五章其餘的段落是很好的提醒：

> 丈夫也當照樣愛妻子，如同愛自己的身子；
> 愛妻子便是愛自己了。從來沒有人恨惡自己的身
> 子，總是保養顧惜，正像基督待教會一樣，因我
> 們是他身上的肢體。為這個緣故，人要離開父
> 母，與妻子連合，二人成為一體。這是極大的奧
> 祕，但我是指著基督和教會說的。然而，你們各
> 人都當愛妻子，如同愛自己一樣。妻子也當敬重
> 她的丈夫。
>
> ～以弗所書五章28-33節

所以，當你告訴妻子想要發生性關係，她卻寧
願坐著談話和擁抱時，你該做什麼呢？

就像我們在本書上一章所建議，當你按照她的
方式去做時，最能刺激她的性慾。那麼你就與她談
話和擁抱吧！但不能懷著一種自私的期待，藉談話
和擁抱達到你想做愛的目的，那不會起作用。

當你真正放棄自己的肉慾時，你更深層的靈性
需要卻滿足了。基督不是為了被高舉而虛己且死在
十字架上，但那卻發生了：

所以，神將他升為至高，又賜給他那超乎萬名之上的名，叫一切在天上的、地上的，和地底下的，因耶穌的名無不屈膝。

〜腓立比書二章9-10節

當你不再將焦點放在自己拚命想要的東西上，當你花更多心思留意妻子的需要，性滿足就會出現。

為她預備自己

作個像基督的丈夫，意味著仿效基督對待祂的新婦──即教會。當聖經談到基督為祂的新婦而來時（啟示錄廿一至廿二章），形容祂要在榮耀中與穿著白衣的軍隊降臨。你或許不會用這樣的方式親近妻子（雖然這可以在緊張的場面中增添些幽默），然而為妻子預備自己，可以反映出對妻子的愛，如同基督愛教會。

這裡有三個預備自己的實際方法：

1. 預備你的身體

在性生活中，你和妻子分享彼此最親密的身體接觸。以潔淨的身體進入性愛，顯示出你的關心體貼，也能招來妻子積極的回應。

我們建議最好在做愛之前沐浴，不是因為我們覺得生殖器是身體中的骯髒部位，不，它並不骯髒。預備清潔的身體，意味著除掉體味和汗臭，聞起來馨香清爽的身體讓妻子享受撫摸你任何部位的美妙。兩人一起沐浴或淋浴，開始分享身體，是讓彼此親近的一種途徑。

在性行為前刷牙和刮臉，能讓親吻更愉悅。難聞的氣息經常是讓配偶中的一方中斷激吻的原因，但他（或她）可能從沒有告訴過對方。激吻是讓性生活生氣勃勃的關鍵，因此，配偶需要相互誠實地對待他們口裡的氣息。

2. 預備你的思想

大腦通常被視為主要的性器官：控制反應、態度和感覺。你的心理慣性（mind set）將會影響每一次性感受，而且每次都不同。幾小時前發生的事、你的感覺、你如何看待房間的溫度和擺設，都會影響你們在一起的時間。

思考你要將什麼帶上床，以及它將增添或減少你與妻子共處時的樂趣。想像你有多麼喜歡與她在一起，想想她會從哪裡進來。花點時間談論你們的心情，以及彼此心之所欲。

3. 預備你的心靈

性行為使兩人合為一體，不僅是身體和情感層面，更是心靈的合一。花時間清除那些橫亙在你和上帝關係中的障礙，並重新得力，你將能更順利地把自己獻給妻子，也更能愉悅地接納和享受她給你的一切。

你會發現，靈性的溝通增加你們性愛交流的深度。試著花點時間一起讀段聖經和禱告；為性體驗感謝神，並祈求祂賜下祂讓你們二人成為一體的喜樂與愉悅。

付出更多

基督為了教會付出祂自己。付出不是為了得到，但通常都有獎賞。

在性領域也是如此。你不僅能從付出本身得到快樂，為你的妻子付出，服侍她、關心她，也將讓她甘心樂意為你付出自己。要求使人窒息，付出卻能讓人充滿熱情。

在性關係中享受你的權利和責任。學習甘心樂意地把身體給她，不

Love Your Wife

婚姻是無所求而自由的通行證；婚姻不是擁有與控制的許可證。

要求你或她的回報。當你真正做到毫無企圖的付出時，你會得到比預期的更多。

> 我屬我的良人，他也戀慕我。
> 我的良人，來吧！你我可以往田間去；
> 你我可以在村莊住宿。
> 我們早晨起來往葡萄園去，
> 看看葡萄發芽開花沒有，
> 石榴放蕊沒有；
> 我在那裡要將我的愛情給你。
> ～雅歌七章**10-12**節

chapter 05

性愛不是一項監看者的運動

「**太**沒意思了！對她絲毫不起作用！一點反應都沒有！我只感受到恥辱！真是徒勞無功！」馬克痛苦呼喊著。

面對妻子美麗的胴體，馬克卻感覺灰心喪氣，因為當他刺激她的生殖器時，她很不容易或經常無法被挑起欲望。他很難享受與她的親密關係，因為他把注意力放在自己的行為能令對方產生什麼回應上。

像他這樣**監視**結果，而不是專心享受彼此身體互動時的愉悅，將會擾亂本該有的美好結局。

你可以這樣來看事情：

如果你是個球迷，你會非常開心地觀看球隊比賽。你的身體和情緒都隨著賽況起伏而反應，完全沒有表現的壓力。

但如果是你自己參加棒球比賽，準備打擊時，

當你投入性的球賽中，你的心態是站在局外往場內觀看時，你會成為輸家。

你會緊張地注意自己的揮棒和站姿，這時你的享受消失了，你的表現水準也可能驟降。

性也一樣。監看「你表現如何」，通常只會干擾而不是提升你的反應。

❦ 你在監看自己

禮拜五晚上你下班回到家。你過了漫長的一週。當你踏進家門時，覺得妻子和孩子之間似乎有點火藥味。

保母快要來了，待會你就可以與妻子外出用餐、回家，再悄悄地溜上床，孩子們也不知道。但你並不期待。你最近的性生活不太對勁，常常投入其中，然後就失去反應，你開始擔心自己的表現。

你成了一名監看者。你移到局外審視你的性生活，開始注意自己身體的反應，這麼做不僅傷害自己，也辜負了與妻子在一起的時間。

相較於你與妻子擁有的快樂，以及你們在一起時你感受到的愛，反應根本不重要。不過這很難說服你自己信服這件事。

一旦監看成為習慣，它就會控制你的思想和感覺，干擾自然的律動。你開始要求自己，要讓你的

身體進入狀況；你感受到的壓力和憂慮越大，身體就越不合作。

想要讓性生活更快樂，你需要的是盡情享受。不管出於什麼理由，憂慮身體會怎樣反應並沒有幫助。

有時候，理由就純粹是不切實際的期望而已。例如，妻子向我們抱怨丈夫無法控制射精。我們發現她的期望是丈夫能夠連續二十分鐘勇猛地抽動，不要間斷也不要射精，但這對大多數男人來說都是不可能的。她不切實際的期望讓丈夫越來越焦慮。

另一個女人可能以為從性交、射精到重新被刺激而勃起，她年屆中年的丈夫應該不需要中途休息。但事實上，大多數男人都需要二十分鐘到二十小時才可以再來一次。

或者有男人埋怨自己缺乏性慾，因為他期望自己進入性體驗時已經勃起。他錯誤地把勃起等同於性慾，沒有認識到通常是後者引發前者的。

所以問題可能不在於你的生殖系統。疲勞、疾病、壓力、煩擾、內疚、苛刻的妻子、焦慮、沮喪和藥物都能擾亂你身體的自然反應，進而讓你開始監看自己。

八種停止監看的方法

不管開始監看的理由是什麼，你大可以停下來，放掉所有對自己的要求，專心享受。成為積極的參與者，不要監看自己，你可以嘗試採取這些步驟：

1. 不要強調性交

性愛不等於性交，就如同瓦立克·威廉斯（Warwick Williams）博士所寫的：「做愛在字面上的意思就是身體和心靈的交流……勃起、性交、高潮或射精不是最重要的，僅僅是做愛的可能選項。」[1]

暫時停止追求性行為或高潮——不是以一種懲罰和攔阻的方式，而是出於自我控制——能夠幫助你品嘗那一刻的美妙感覺，而非專注於「結果」。

2. 重新定義美滿的性愛

你對「成功」的定義，不要放在非自主的身體反應上，那是你無法控制的。美國著名性治療師齊伯格（Bernie Zilbergeld）博士在《新男性的性特徵》（*The New*

Love Your Wife

停止監看的祕訣：放掉所有對自己的要求，聚焦於身體上的愉悅。

Male Sexuality）中説得好：「如果你對自己感覺良好，對你的伴侶感覺良好，對你正在做的事感覺良好，你就是擁有美滿的性愛。之後你們就會有一段交流彼此感受的美好時間。」[2]

3. 把性焦慮視為正常

實際上，每個男人在婚姻中都會有對性感到焦慮的時候。年輕的新婚男人擔心自己經驗不足；很多男人憂慮陰莖大小；還有些人對於能否滿足妻子感到緊張；中年和老年的男人則可能為勃起和射精不安。

當你把性焦慮視為正常時，就不會被它淹沒。你知道其他人已經克服性焦慮，你也做得到。

4. 確定你的性狀態

如果你必須在做愛之前，免於陷入焦慮的狀態，那就告訴妻子。你可能需要感覺放鬆或安全，並且與你的妻子有積極的連結關係。性愛的時間不能帶有要求和不切實際的期望，這樣的要求是合理的。

5. 不要評估身體的反應

陶醉於彼此，告訴妻子你多麼喜歡她的身體，

這是很大的肯定和鼓勵，同時也能分散你對自己身體反應的注意力。

6. 專注地享受愉悅感

當你愛撫妻子或被妻子愛撫時，就沉浸在撫摸的感受中。享受她的身體，也允許她享受你的身體，用同樣的方式讓彼此喜悅。可以嘗試不同的觸摸方式，選用不同質地的物品來愛撫，例如絲綢或羽毛。用你的陰莖當作畫筆，為她的陰戶帶來愉悅，而不要插入。

7. 談論你的恐懼

減少負面思想的方法之一，就是一旦意識到便馬上說出來。例如，你和妻子準備做愛，你心想：**如果我失敗了怎麼辦**？將你的恐懼立刻告訴她，說出來會幫助你得到釋放，因為你的想法可能會影響你的身體反應。

8. 想像積極的性感覺、行為和反應

當消極的圖像進入大腦時，要設法將它除掉。你越在腦中排演積極的感受、抹除負面畫面，你就越能迅速體驗到溫暖的、愛的激情。

✻ 不要檢視她

你見過在四週盤旋不去的老闆或令人窒息的母親嗎？雇員或孩子的每個行動都會引發批評或質疑，像是：

「喔，你打算要**那樣**做嗎？」

「你不認為如果你從這個問題開始會更有效嗎？」

「我注意到昨天你沒有完成自己的案子。」

「如果你這樣做會更好。」

有些男人就是喜歡盤旋不停。丈夫越是盤旋著進行檢視，妻子體驗到的性慾就會越少。她變得灰心，「性趣」降低，性反應也減少了。相對地，當他把她當作一個問題來修正時，他就提出越來越多「愛的」建議。他在檢視她，現在她也在檢視自己。

卡蘿和艾倫完成了性治療過程。初來就診時，他們以為她性冷感，性興奮和釋放都偏低。後來我們發現原因出在他習慣審視她，就幫助他自省，為什麼她的性慾對於他的感情穩固那麼重要。他們重新訓練自己，不把焦點放在她的性反應，而放在專心享受在一起時的樂趣，之後兩人一度有了美好的性生活。

不久卡蘿又來求救。他們都覺得洩氣。她已經好幾週「沒有心情」了。性感內衣沒有用，我們所

教過的諸如「希望感覺會跟隨著行動而來」也不奏效。有一次，她的確短暫地進入情緒，但很快又沒了心情，因為艾倫必須起來將窗簾拉上。接下來那一次，當他們正在做愛時，艾倫停止抽動，建議如果由她來動的話，或許可以幫助「進入狀況」。然後艾倫說：「妳都不嘗試！」她為此非常生氣。

卡蘿告訴我們，她覺得自己很頑固，她不想做那些明知會有幫助的事，她舊有的抵抗情緒再度被艾倫對她身體反應的評價所激怒。

幸運的是，他們兩人都記得曾經學過的原則。他們笑著看待自己出於舊習慣的反覆行為，並有能力重新肯定和運用學過的技巧。

如果你正盤旋在空中檢視，你需要停下來。不要再檢視妻子，判斷她的性慾如何了！你的監視會干擾彼此的關係。如果你在性愛中能享受多少，取決於她**非自願**的反應，那麼她的身體將永遠不會回應。你的監視成了一種干擾。

停止檢視她的方法

當然，僅僅知道問題並不能解決問題。這裡有幾項你可以努力的重點：

1. 謹慎地肯定她

告訴妻子你欣賞她的身體：看起來有多美、當她的身體接觸到你或當你撫摸她的身體時，感覺有多麼好。不要強調她的身體如何反應、動作或做任何事，只要專注於**她身體的現況**。

2. 讓自己分散注意力

如果你有監看的習慣，一旦你開始想要分析她的反應時，就將目光轉向別處。凝視她的眼睛，細察她的頭髮，如果真有必要，你甚至可以數床單上的方格子。

3. 專心體驗撫摸的感覺

嘗試撫摸每處皮膚、每條肌理，但不要分析它們，只要享受它們的美妙。

✤ 算分數

一九七七年二月，一對夫婦向我們求助。他們結婚二十年，性生活一直很美滿，直到一九七六年十月，丈夫開始有難以保持勃起的問題。

一九七六年是美國建國二百週年。那對夫婦決

定用特別的方式慶祝，就是在那一年做愛二百次。
這是一個真實的故事！十月到了，他們意識到只做
了八十五次，還有一百一十五次沒做，但時間只剩
下三個月。計算分數變為一種壓力，性不再有趣。

難怪他會有問題。

無 論 何 時 ，
當性成為目標導向
時，身體的反應就
會受到影響，樂趣
也被抑制了。

Love Your Wife

**當性成為必須達到的目標
時，身體的反應就會受到影
響，樂趣也被抑制了。**

計算性經驗或性反應，不是僅發生在二百週年
慶祝時。它可能是很多因素影響的結果：焦慮的伴
侶、苛求的配偶、不孕的掙扎、輸精管切除手術後
對精子徹底排放，或者因任何理由而設定的目標。
一旦你開始計算分數，焦點就從過程轉移到所設定
的數字上。要達到那個數字所付出的努力，通常對
性生活具有破壞性。

幾年前，在我們最小的孩子出生前一個月，克
利夫做了輸精管切除手術。從他手術後到孩子出生
前的短暫時間裡，克利夫只有很少的機會和精力進
行足夠的精液排放，以確保當我們準備恢復正常的
性生活時，精子已經從體內完全排除，所以我們開
始計算射精次數。你一定能猜到發生了什麼事！

你可能因為個人的原因開始計算。你可能為多久做一次愛、持續多長時間、你妻子有幾次高潮，以及是誰主動而作記錄。

不管你在計算什麼，你都可以確定反應會慢慢減弱。你可以掌管性生活，讓某些事情發生，但你不能退後，只想保持分數。

❊ 盤問

盤問是盤旋不定、監看和比較的一種形式：

「親愛的，妳覺得這樣好嗎？」

「妳感覺到什麼沒有？」

「妳有進入情緒嗎？」

「今晚要不要做？」

「妳願意嗎？」

每個問題都代表一種期望，顯示出你沒有負起表達自己需求的責任。

男人問這些問題，往往是因為他想知道自己做得有多好。他們表現出一種觀念：性愛是一種競賽。男人其實間接地在問：「在這點上我可以得多少分？我符合標準嗎？」競爭對手可能是一個真正的或者假想的情人、一個標準，或是自己的妻子。

　　發問會將自己的觀點強加於人，引起防禦和自衛，無法鼓勵對方接納、愉悅和自我分享。

不要問問題

　　在主動求愛時，讓她知道你喜歡什麼並尊重她的回應。不要問她是否想做愛，那樣會給她壓力。

　　別問「可以給我一個吻嗎？」只要吻她，溫柔地開始。

　　別問「今晚要不要？」而要誘導她，說「今晚我想玩。」

　　別問「妳有想做的情緒嗎？」而要說諸如「哇，我今天很有感覺！」

　　在性行為的中途，避免問她感覺如何。

　　與其問「這樣感覺好嗎？」不如說出你自己的感覺：「哇，這樣感覺真好！」

　　與其問「妳有什麼感覺嗎？」不如說「我可以一直這樣做下去。」

　　與其問「我有碰到正確的地方嗎？」，不如說「這個地方讓我覺得最舒服。」

做愛之後不要評價該次表現，而要加以肯定。

用「我真的好享受妳的身體。」來代替「妳感覺好嗎？」

用「對我來說太棒了，希望我沒有撇下妳獨自在享受。」來代替「妳有高潮嗎？」

用「這次我覺得更舒服。」來代替「這次我做得更好嗎？」

發問可能是保護自己的方法，讓你離開聚光燈而將燈光投射在她身上。這也是另一種形式的審視。

你越快體會並改變監看的習慣，越會發現可以多麼自由地享受性愛。

作一名勇於冒險的參與者。你可能會因此受傷，但也可能會經歷許多狂喜。

難道這不值得冒險嗎？

chapter 06

性愛：通向親密關係之途

性的需求正在改變。我們發現，如今因為「技術的難題」——比如陽痿、早洩和高潮抑制等——來尋求幫助的夫妻變得較少；更多的人是在隱密的臥房裡使用自我成長的書籍來對付這些問題。

但有一件事沒有改變：為了克服性關係中親密感的障礙，夫婦們還是迫切地尋求幫助。當他們這麼做時，就會看見彼此的差異被對方接納，對彼此的要求減少，並體會到嶄新的愛與熱情。

親密感不只是「女人的問題」。在本章裡，我們要觀察親密關係的障礙也會對你產生何種影響。

❀ 當她的性慾等於你的陽剛之氣

如果你相信你的男子氣概取決於妻子的性反應，你就是在找她也找自己的麻煩，因為女人的性慾是不能預測的，依賴她對你的性慾，不是一個建立安全感讓親密關係滋長的好方法。

當你的自我價值停留在你滿足妻子性慾的能力上時，你們兩人都會感到有壓力，因為這會成為你們的目

Love Your Wife

當你的自尊取決於妻子的性反應時，性就不會美好；愛、熱情和親密關係都會被破壞。

標。一個女人能夠享受性，當然會令一個男人感到滿足，但是，當聚焦在她的反應來證實你的能力時，配偶雙方的愉悅勢必都會減少。這會摧毀熱情，也會破壞親密關係。

更少，不是更多

你的迫不及待會澆滅妻子對性的熱情，特別當這種急切是出於沒有安全感，或想要證明自己的時候。這就是我們為何提出「滯後」規則的原因。如果你把自己的性慾強度和行為都保持在略低於妻子的程度，她就會渴望得到更多。

女人缺乏性慾，通常是對過度急切的丈夫「強行餵食」的反應，這與餵小孩子吃飯有些類似。如果你不給他們太多，他們就會喊著要更多的食物；如果你將他們的盤子裝得滿滿的，他們就會挑著食物玩，卻對吃不感興趣。

讓你的妻子對性覺得飢餓，但不要讓她餓過

頭。在你接近最隱私的部位之前，先享受她身體的每一寸肌膚。

慢慢撫摸她的全身，樂在其中，而不是為了你觸摸在她身上產生的反應。讓她邀請更直接的刺激，當她邀請你時不要抵抗，要歡喜地回應她的邀請。

如果她從來不曾有足夠的安全感來邀請呢？設計一個訊號，以致你可以知道她已為更進一步的交流作好準備。寧願因等得太久而犯錯，也不要太快往前直衝。

如果你的本能讓你失去自制，又恢復太快、太強的進攻方式時，一旦你注意到妻子感覺有壓力，就要趕快退後、停下來。我們很喜歡一個遊戲，當克利夫的進攻對喬依絲顯得太強烈時，克利夫就會慢下來，開始欲擒故縱：

「喔，不，今晚我真的太累了。」

「這方式對我來說太強烈了，我們可以慢一點嗎？」

「我們非得如此不可嗎？」

這是一劑速效藥，不僅增添了樂趣，也激發了喬依絲的熾熱情欲。

✿ 破壞「性」的關係模式

在性治療的案例中，我們看到很多配偶都渴望被人親密地愛慕著，但他們在關係失調、羞恥、控制、憤怒、虐待，以及被拋棄的恐懼中掙扎，這些都會阻礙親密關係，傷害他們的性生活。

事情可以有轉機。我們來看幾種在親密關係中最普遍的絆腳石，以及如何才能移開它們。

當你需要用性來證明自己時

對很多男人來說，性可以緩解壓力，讓他們對自己感覺良好，並且讓他們敞開心胸體驗與妻子的愛情。但需要用性來讓自己感覺良好的男人是越過健康的界線，進入一種「感覺的貧乏」，扼殺了雙方的愉悅。

如果你需要用性來證明自己，可能是結婚時對女人缺乏信心。也許在遇到妻子之前，你不常約會；也許是過去與女人的交往經驗，讓你對被人拒絕很敏感；或者因為你沒有得到母親無條件的愛；或者因為你和父親缺乏堅固的連結。

你可能覺得妻子不像從前那樣渴望你了。但因為你對被拒絕的敏感，她永遠也不可能達到你的要求，填滿你內心深處的空虛。

對你的妻子來說，從前性是一種她想得到的東西，現在變成了你需要從她那裡得到的東西。結果她出於責任之故而配合演出，或抗拒你的需求，甚或完全退出。

這種破壞性的關係模式，讓性超出了性本身的含意，除非你得到專業幫助，將證明自己和對妻子的性慾這兩件事分開，從困窘的性生活中脫離，否則這種模式還會繼續重複。

幸運的是有解決方案。它分為兩個方面：（1）把你證明自己的需求與妻子的性慾分開；（2）肯定她性慾的任何表現。這樣她的性慾就會重新浮現，並給你肯定。

為了讓這個過程發揮作用，你可能需要治療師的協助。你的目標是消除用性來證明自己的需要，然後你就能實現哥林多前書第七章的命令，彼此自由地享受對方。

當她需要用你的表現來證明自己時

有時候，女人也會有類似的需要，用性來證明自己。例如，如果你無法超長時間地延遲射精、無法未經刺激就勃起、不能於射精後再度勃起，或者不能讓她在做愛時有高潮，你的妻子就可能覺得你

不在乎她。為了感覺被愛，你的性反應必須滿足她的條件。

如果是這種情形，你的妻子可能在童年時受過男人的傷害，她在尋找你不會傷害她的證據。因為覺得很難

把你能夠為你的妻子做的事和你不能為她做的事分開；證明你對她的愛，但不順應她對表現的要求。

相信你，於是她設定了幾乎不可能達到的標準。

輔導人員的專業將會幫助她，也會卸下你的壓力。你的意志力也能對她有所幫助。

把你能夠為她做的事和你不能為她做的事分開，用語言和行動來向她保證你愛她，你會隨時幫助她，但絕不會冒犯她。不過要說清楚，你無法做生理上不可能的事，比如在射精後立刻又勃起。讓她知道，你在生理上不能滿足她的要求，與你對她的關愛一點關係都沒有。

當憤怒干擾親密關係時

親密關係也可能令人恐懼。某些人如此恐懼，以致用憤怒包裝，似乎比較安全。

這可能讓人難以置信。但如果憤怒影響了與你

妻子的親近，你要反省自己有可能是選擇以憤怒來逃避親密關係。

憤怒可能由個人的問題引發出來。有個男人不斷地貶低和懷疑妻子的性慾，因為他的母親曾有婚外情，傷害了他的父親。作為一個小男孩，在揭露母親的過程中，他變成了父親的知己和幫助者。

另一個男人對母親常常推開父親的做法感到生氣。這個男人的妻子性慾被壓抑，但他看不見自己在這件事上的責任而中止了治療。

有些男人則因為被父親在身體上虐待或在情緒上忽略而生氣。不管什麼原因，怒氣被帶進性關係中，有意無意地摧毀親密關係。

憤怒也可以在關係中被引發。保羅和派翠西亞尋求我們幫助時才結婚六個月，他們談到對方時都沒有一句好話。試圖把焦點放在他們的性關係上，就如同面對一個已經心臟衰竭的人，我們卻要對付他手上的割傷。

當我們提供增進性關係的方案時，他們誰也不肯做。怒氣妨礙了進程。

對某些夫婦來說，憤怒只在性行為中才顯明出來。她對性抗拒，因為他強迫她進行；他抱怨，因為她抗拒；他對性慾的表達方式讓她生氣，她缺乏性需求也讓他生氣。

　　當兩個人都體認到憤怒如何拆毀他們的關係，並且運用雙方的差異時，就能扭轉破壞性的模式。怒氣將煙消雲散，親密關係得以建立。

　　我們曾輔導一對有過如此經歷的夫婦。結婚三十年來，丈夫總是在逼迫，妻子則一直抵抗，他們已準備結束婚姻，而我們是他們的最後防線。

　　我們及時發現一些他們從沒有告訴過對方的事情：他們在童年時都有過被性侵害的經歷。獲得他們允許後，我們在一個互動的療程中透露這件事。新的發現帶來彼此的關心和體貼，心中的高牆倒下了，這是他們建立令雙方滿意的性關係之始。

　　藉助類似的諮商輔導，你和妻子也能克服憤怒，獲得真正親密的關係。

當以控制來維護性安全感時

　　一些人用憤怒來迴避親密關係，另一些人則利用控制。

　　事實上，在保護你自己、避免與妻子發生親密關係時，控制似乎比憤怒更安全。當她在

> 在保護自己、免於對親密關係的恐懼時，控制似乎比憤怒更安全。

性方面需要你時，你發現自己很難回應——當然，總是有正當的理由。儘管如此，你還是會抱怨你們沒有如你喜歡的那樣經常做愛。

控制也可以用其他方式攔阻性的親密關係。例如，妻子因為你的早洩，不想和你發生性行為，但她拒絕和你一起做延遲射精的練習。這樣可以保護她避免受到親密關係的傷害。

在我們的實務中，控制通常是以抵抗性行為再教育的形式表現出來。夫婦或個人前來尋求治療性問題，卻不依照方法練習。所持的理由是由於他（或她）缺乏紀律、沒有足夠的時間、懷疑功效、已經知道我們要告訴他們的事等類似的藉口。

你也可能因為害怕將自己完全地暴露在妻子面前，而採取控制的方式。也許你的幼年經驗中，坦然地作自己並不安全，如今要你大剌剌地將自己敞開在易受傷害的性關係中，基本上是不可能的事。而如果你的妻子較為挑剔，或者缺乏對你無條件的愛，問題會更加嚴重。

你盼望親密關係，但又不敢冒險讓其發生；你尋求幫助，卻又找理由不完成功課。

如果你願意委身與一位輔導員共同解決問題，就會看到希望。邁向親密關係的步伐要放慢，並在你可控制的範圍，如此你才敢冒險去嘗試。

❋ 一些個人的問題

羞恥

　　當性與羞恥連在一起時，自然會影響到婚姻中的性愛熱情。

　　正如某位女士所説：「結婚之前，我對性很渴望，我們需要極力克制才能不發生婚前性關係。但當我在婚禮上説出結婚誓言時，卻被一個想法抓住：我不敢想像其他人都知道，現在我們結婚了，我們將有性行為。」

　　幾年後，她與丈夫仍然沒有發生性行為。她會不自覺地將控制陰道擴張的肌肉繃得太緊，以致她的丈夫無法插入。她的這種羞恥感來自於她還是年輕女孩時，就被父親的色情刊物挑動了性慾。

　　將性與羞恥相連，也可能始發於未成年或不恰當的性暴露；小男孩可能與他的母親或姊姊共睡一張床；兒童可能與進行性行為的父母同臥一室；青春期的女兒可能被父親看見她的裸體；或者孩子的清純和性發育在某些方面沒有受到良好的保護。

　　羞恥是一種沉重的負擔。要破除羞恥與性的關聯，通常需要和治療師共同安排出謹慎周密的計畫，隨後積極地逐步在婚姻中重新建立性生活。這種努力將為你的性生活帶來更大的快樂和自由。

遺棄

被拋棄的人很難享受親密關係。舉例來說如果你在生命中的第一年裡遭到遺棄，就可能必須在婚姻中學習性的親密關係。

拋棄可能是生理上或情感上的。也許你被人收養，且在一歲之前未能與你的養父母建立關係；或者你的母親或主要照顧者在你一歲時因病住院很久；或者其他因素──沮喪、悲哀、對緊密溫暖關係的失能──造成你的母親在情感上缺席。

可能你在十三、四歲前失去了父親或母親。父母的去世，特別是與自己異性的父母去世，會讓人很難享受與配偶的親密關係。有個男人在幼稚園時期母親死於糖尿病，他在與妻子發生性行為時會昏昏欲睡或無法勃起。

從被拋棄走向親密關係的道路，如同在陡峭山嶺上攀登艱難。親密關係是拋棄的相反，對親密關係的恐懼就是對被拋棄的恐懼。藉由專業的幫助，配合非凡的、能提供安全感與情緒支持的配偶可靠而無怨的付出，可以建立信任。

虐待

無論過去的虐待是肉體的、情緒的或性方面

的，你都會下結論：太親近等於不安全。若沒有安全感，要想在婚姻中經歷親密的性愛關係會特別困難。

如果你曾被虐待，也許仍可以有性行為；但要享受愉悅和分享內心世界，卻必須有意願冒險，並經過小心的訓練。

虐待妨礙信任，因此會阻礙婚姻中建立親密關係的自然能力。

性侵害的受害者有一種獨特的模式。在他們還是孩子時，他們不是膽怯害羞，就是衝動易怒。他們覺得自己與其他孩子不同。他們説自己在童年時已有很強的性意識，他們的性關係很容易混亂不堪，至少對婚外情有濃厚興趣，接近結婚時或婚後不久又會缺乏性慾。

戰勝虐待的惡果並在婚姻中親密相連，絕對是值得努力的。最後你能得到渴望已久的愛，但你需要跨越受虐所遺留的痛苦。

你可以與治療師談談，或得到受虐者團體的支持。心理的傷口也許不會消失，但深層親密的性愛滿足仍是可尋求的。

低自尊

你對自己的身體覺得不自在嗎？或許在其他人的標準來看，你是有吸引力的，但是你只看到自己身上的缺點。這些感覺可能會讓你難以在性生活中盡責，也使你在性方面無法肯定你的妻子。

外表只是建構自尊的諸多因素之一。負面的自我形象可源自各種起因，無論什麼理由，遭受這種痛苦的人還未找到個人的確證來相信自己。

Love Your Wife

對自我形象或身體感覺不佳，可能會導致難以在性生活中盡責，也難以在性方面肯定妻子。

在充滿關愛、委身的婚姻中，自尊能夠漸漸成長。你的妻子以不帶要求的方式撫摸你，可以幫助你體驗被接納的感覺，同時幫助你接納自己和你的身體。你可以採取行動，改善你的身體、人格和技能各方面，增強個人自尊。更重要的是，你要理解一個事實：作為上帝的創造，你對祂而言有無比的價值。

如果你在自我價值認同方面需要幫助，不要猶豫，請向輔導人員或牧師諮商。當你得到自信時，就能在性關係中承擔更多責任，並尊重妻子的性慾。性愛將成為一種表達你對自己和妻子感覺良好，並且表現出真實的親密關係的方式。

性成癮

性成癮會抵消親密的性關係。

在性成癮中，性的興奮和釋放的刺激因素與人無關，通常也與親密關係無關。男人不是陶醉於他的妻子，而是讓自己沉溺於色情雜誌或網站、穿異性衣服、召妓、外遇或其他行為，這些東西虛假地保證可以實現他內心深處的渴望，即透過性的密集度與釋放來獲得滿足。

對性成癮的男人可能發現，雖然在看錄影帶時手淫是孤獨的，卻可以透過沒有生命的物體作真實的自己，不用冒險在親密關係中失去自我。

在第十三章，我們還會對性成癮有更多的說明。如果你目前正在性成癮中掙扎，請尋求專業人員輔導。你會發現滿足內心渴望的途徑——你的本我能被另一個人完全欣然地愛慕——就是與妻子之間真實的親密關係。

因此，人要離開父母，與妻子連合，二人成為一體。

～創世記二章24節

chapter 07

當性失能時

所有夫妻的性生活都會不時地被干擾。我們自己也曾經歷過幾次艱苦的爭戰。

第一次是在蜜月之後。喬依絲的熱情主動，可能造成了克利夫注重表現的壓力。不過，隨著喬依絲放慢腳步，情況很快得到舒緩。

接下來的困境，是我們第一個孩子出生後帶給喬依絲的疼痛。持續的疼痛，造成性趣缺缺，這種狀況一直持續到第二個孩子出生，那是二十二個月之後的事了。

就像我們已經提過的，輸精管切除術後對射精次數的計算，再次帶來我們婚姻早期生活所經歷過的表現壓力。

然後就是平淡的老年生活常常引起的乾燥問題。

也許你也有相似的掙扎，這些都是正常的。也許你不需透過專業的幫助就能解決問題；另一方面，或許你需要幫助，可能現在就需要。

本章討論的一些問題，或許可以遵循自我成長

的書籍裡的建議而獲得解決，其他問題則幾乎都需要治療師的協助。 無論

性生活不時被干擾是正常的。

如何，當你的性生活中出現困擾，並持續一、兩個月以上時，可能就需要尋求外在的協助。

尋求協助被很多男人視為軟弱的象徵，但為了避免痛苦，仍然值得一試。

當性的掙扎侵襲你的關係時，它就是在攻擊你的自尊，還有你妻子的自尊。你對自己感覺不好時，你們兩人都會表現出自己的弱點。你可能會退縮、變得更具侵略性、說出羞辱拒絕的話、顯得沮喪或憤怒，或以其他方式來損害你們的關係。

性的困境往往會反覆糾纏。在引發困難的最初因素消失後，困境可能還會繼續。

失敗會引起更多失敗。配偶彼此迴避，因為他們不想再次經歷失敗。當他們終於願意嘗試時，雙方都很焦慮，頂著只許成功的壓力；當成功的可能性減少時，問題就會增多。

當你需要幫助時，千萬不要拖延。尋求幫助得到

性的失敗會引起更多失敗；尋求幫助能使失敗止息。

的益處將遠高於尋求的代價。

二十一種不愛她的方法

　　你會不會就是問題的一部分？看看能否從下面
所列的清單中認出你自己，並考慮我們的建議來改
善現況吧！

第一種：幼稚的愛人

　　我們曾在第二章描述過這種男人。如果你害
羞、退縮，或者很不好意思與女孩互動，你可能就
是這樣的男人。

　　當你終於與妻子結婚後，你也許會對於和她
有身體的互動感覺很笨拙。對你來說，性慾並不容
易自然地表露。不熟悉的激情接吻讓你不自在，而
她還想要更多。在她面前，你可能覺得自己太卑下
了。

　　可能有時候，妻子透露出的資訊是你不知道自
己在做什麼，儘管她表示的方式可能相當仁慈。你
不知道以什麼方式在性方面滿足她。

　　如果你正是這種情形，振作起來吧！在我們的
性治療中，學得最快的就是幼稚的男人。你就如同
一塊乾燥的海綿，準備好要吸收知識。

　　除了這本書，許多自我成長的書也很有用。你

和妻子可以一起閱讀像《重建歡樂》（*Restoring the Pleasure*）這樣的書，或者觀看錄影帶「性的神奇與神祕」系列。參加性方面的研討會將讓你滿載而歸，並加快你的學習進度，你和妻子會因學有所成而滿懷喜悅。

第二種：目標導向的愛人

這個類型中的第一種人是企業家。我們的意思是他會設立目標、朝著目標工作、完成目標，然後又轉向新的目標。

婚姻可能是其中的一個目標。他從尋找一個好妻子開始，然後成功地追求到她，最後建立起屬於自己的家庭。但是現在，他轉向另一個目標。

這種方法用於創建公司或蓋教堂時可能卓有成效。但你的妻子可不想成為一個已經完成的項目並被擱置。如果你想要擁有性生活美滿的婚姻，就需要改變目標，運用你的企業家風格將你和妻子的關係列為優先事項。

下定決心成為妻子的愛人。在你的時程表裡，安排足夠與妻子相處的時間，讓你有機會為她服務，一起享有愉悅的性生活。你可以嘗試我們的建議，就是每天十五分鐘，每週一個晚上，每月一天，每季一個週末。

目標導向類型的第二種人是監看型的愛人，我們已在第五章描述過。男人小心地觀察，看他的妻子是否興奮、是否已濕潤、她的乳頭是否變硬、他自己有沒有勃起、性愛時間是否太長、她有沒有達到與上一次同樣的興奮水準、她是否有高潮等。這些目標妨礙了兩個相愛的人成為一體時自然經歷的過程。

如果你是一個監看型的愛人，就要調整自己，從重視目標轉化為享受在其中的樂趣；或者換一種說法，將雙方的滿足設定為你的目標。

第三種：無聊的愛人

性愛變成例行公事？你厭煩這種周而復始的性嗎？你做愛的方式仍與五年或十五年前一樣？

也許你覺得自己是一個特別缺乏創造力的人。你想要改變，但即使給你自由也不知要從何處著手，嘗試任何不同的東西都讓你覺得容易受傷或焦慮。

對你而言，改變需要深思熟慮。從與妻子談論你的擔心開始，然後提出一個計畫，不管多簡單。有時甚至只是改變你躺在床上的方式，把你的頭放在原本放腳的位置，就能帶來全新的感受。

改變地點也會激發新的火花。你可以在地板上或客房做愛。調換角色，因為「主動」的一方會帶來完全不同的體驗。在第十一章會有更多討論。

如果嘗試新事物對你而言是個令你氣餒的主意，做些自我探索或許有幫助。寫作、日記和個人的心理治療都可以幫助你，向那位你承諾要與之深度分享的愛人完全敞開。

第四種：缺乏安全感的愛人

缺乏安全感的愛人因其低落的自尊心而掙扎。他們的回應方式有兩種：不是消極抱怨、從不表達他們的需要或期望，就是直接、間接地迫切要求與堅持。這兩種方式都讓女人在她所愛的男人身上找不到可以信賴的理由。

改變你對自己的感覺，可能是持續一生之久的長期功課，但當你知道你的性壓力是由於缺乏安全感時，你和妻子都會立刻鬆了一口氣。一旦你意識到，那麼你就能夠有自覺地操練自己能夠控制的部分，比如，提升你的外表、語言表達或習慣。

允許自己表現脆弱，與妻子分享並共同努力，將會使兩人緊密相連，那是成為更可靠的愛人所需要邁出最重要的一步。

第五種：草率的愛人

這種男人還沒有學會如何關心別人。也許他在不注重文明生活細節的家庭環境中長大，也許他厭煩母親的嘮叨所以不想學好。

如果你是個草率的愛人，可能會忽略做愛前的身體預備。未洗澡、未刮臉、還帶著口臭的男人，很難吸引女人。如果你把她對你的抱怨解釋成是她的問題，你必須明白：每個女人都需要一個乾淨的男人！

有時所謂的草率，是做愛過程中的漫不經心。你是否注意到你的手肘放在哪裡？你說了什麼？你如何移動你或她的身體？你可以從妻子溫和的、或者不那麼溫和的話語中得知，自己是否是個草率的愛人。

我們建議：改善你的草率行為，立刻就做！不要奢望妻子會把草率當作你乖僻性格的一部分來接受。

草率男人的妻子會覺得自己不被關心、被人忽視。你需要付諸行動，讓你的妻子知道你珍惜她。

第六種：共依存症的愛人

「共依存」（codependent）這個詞已經變得太流行而被濫用了，不過用在這裡確是相當貼切。共依存症的表現，是一個人將另一個人的非正常狀態作為可以佔便宜的來源。

共依存症的丈夫不斷發牢騷，抱怨妻子缺乏性慾，從而讓她對性保持抗拒的態度。妻子「需要」他對她抱怨嘮叨，這樣她就不必與他進行性行為；他「需要」她對性感到抗拒，這樣他就可以發牢騷抱怨。這簡直就像雙人舞蹈。

你們兩人之間已經建立這種模式嗎？你是否扮演好自己的角色並清楚認識你的角色？你是否覺得，如果你們之間沒有持續不斷的挑釁、抱怨或傷痛，你就很難做事？

如果你們對自己的性關係不滿意並相互指責，可能只會加深這種模式。性的困難提供你一些用處，儘管你確定自己不喜歡事情現在的樣子。

由於這種模式會自我餵養，因此很難打破。你可能需要夠勝任的治療師來幫助你。這位專家面臨的挑戰，是在同一時間裡讓配偶雙方的習慣模式都受到控制，並且維持足夠的時間，讓雙方都看到有改變的希望。

你可以帶來改變，從停止消極抱怨並肯定、

稱讚你的妻子開始做起。聚焦在任何積極面上，不管它多麼微小。這樣做的必然結果，就是她對性的抗拒將會減少；你停止抱怨，她就沒有拒絕的藉口。（編者注：對共依存症有興趣的讀者可以閱讀這個領域的權威書籍《愛是一種選擇》〔*Love is a Choice*〕，Robert Hemfelt著，新雨出版社，一九九八年七月出版。）

第七種：迴避的愛人

迴避的愛人可能對自己感到不確定。他可能是無知，也可能在過去受過傷害，或者他對自己的身體和陰莖大小感到害羞。

男人對陰莖大小的關心，從青春期前就開始，可以一直持續到成年。陰莖的尺寸跟男人是否能滿足女人絕少有關係，或者說一點關係都沒有，因為陰道可以容納任何尺寸的陰莖，而且體驗快感的部位只存在於陰道較低的一英寸、一英寸半到兩英寸之處；此外，大多數人的陰莖勃起時大小是差不多的。不過，對陰莖大小的擔心，仍是男人迴避他妻子的理由之一。

另一個原因，是害怕讓女人看到自己脆弱的一面。接觸並投入在性關係中，可能在情緒上冒很大的風險，丈夫也許寧願抓著電視遙控器！

　　如果你和妻子為誰應該主動提出性要求而發生衝突，或者妻子因為你沒有滿足她的性需要而發怒，你可能就是個迴避的愛人。

　　這種情形怎樣影響你的妻子呢？可能她要求性生活，而那只會誇大你對於遠離的需求。從某些方面看，也許你正希望如此，因為太親密的關係會讓你感覺不自在。

　　一個迴避的愛人可能用手淫作為他性慾的出口。手淫比性關係省去很多麻煩，不必害怕被拒絕，幾乎不會失敗，而且不必冒險進入親密關係。

　　不付出刻意的努力，沒有辦法改變迴避的問題。你的妻子必須停止要求；你則需要在安排好的常規基礎上主動開始出擊，不能等到你喜歡時才挑起性愛。所有的手淫都必須停止，如此身體的欲望才會將你推向妻子，並促使你採取主動。

　　如果與妻子發生性行為讓你覺得很像是沈重的工作，就與她談談你享受性愉悅的條件。透過有計畫的性接觸來建立自信心，並逐漸適應親密的關係和主動表達。

第八種：懶惰的愛人

　　生活最好的方式是付出努力，為生活中的長遠

益處而延緩即刻的享受。但不是每個男人都已在他們的性生活中培養這種模式。

如果你沒有發現，為了得到雙方都滿足的性關係，你盡力與妻子連結或延遲射精的努力是值得的，你可能就是懶惰的愛人。

你是否覺得與她談話、撫摸她、讓她對你有感覺這些事都太麻煩？你是否認為要撫摸她全身、然後刺激她的陰蒂二十分鐘，對你來說太困難了？你是否不願意經歷這一切所要付出的代價？你是否覺得給她粗魯的摩擦，接著就是只顧自己快感，自己爽完就好？

果真如此，在你的性生活中可能很少有雙方都愉悅的時間，你的懶惰阻止了任何更深連結的可能性。你不願意付出時間去滿足她的生理和情緒需要，就無法擁有令人滿意的性生活。

缺乏動力是改變懶惰愛人模式的最大障礙。你必須下決心抗拒自己的自然傾向，採取一些小步驟，為更深的滿足願意延遲即刻的享受。

和妻子一起嘗試寫下一個有步驟的計畫，列出所有性愛的要求。例如，你們可以詳細說明在觸摸前要有二十分鐘的談話，在脫衣服前要有十分鐘的親吻和愛撫。你們甚至可以使用電子計時器。

正常情況下，我們反對以這樣公式化的方法來進行性行為，但對懶惰的人來說，與妻子共同設計的詳細計畫會帶來極大的益處。

第九種：憤怒的愛人

有些人可能會把過去生活中的憤怒帶進婚姻——對父母、兄弟姊妹、同學、軍隊、老闆、上帝或對任何人的憤怒。或者憤怒也可能是來自你的婚姻關係中。

或許你從未處理過婚姻中的傷害，從而使你能夠避開這些傷害的影響。憤怒已然爬上了你的床。你可能用苛刻的言語或行動直接表達出來，或藉著製造性的距離，消極地傳遞同樣的情緒。

最好偕同治療專家一起來解決憤怒的問題，不要帶上床。我們也強烈推薦華倫博士（Dr. Neil Clark Warren）的書《與憤怒同盟》（*Make Anger Your Ally*）。你可以設法做完解決憤怒的整個過程，從確定憤怒的類型、發現憤怒的源頭、到學習如何善用精力來為自己謀求幸福，而非發洩出來，傷害你和你們的關係。

如果你的憤怒導致言語或身體上的虐待，或者讓你在性關係中具有傷害力，就要立刻尋求幫助。

憤怒如果失去控制並造成傷害就成了嚴重的危機，為了永久改變破壞性的模式，絕對有必要有所作為。憤怒若以貶低或損害的方式出現，絕對不是正確的、有益的、正當的或可以允許的。

第十種：佔有欲強烈的愛人

佔有欲強烈的愛人是嫉妒的愛人。嫉妒會慢慢吞噬你，如同白蟻啃蝕無花果樹。嫉妒讓愛窒息，中斷了性愛激情的自然湧流。

妻子不是你的所有物，不可以隨意佔用。她是上帝的恩賜，讓你自由地欣賞她、喜愛她，並將你自己獻給她。就性慾而言，她必須心甘情願地將自己給你——以遵行聖經中配偶的身體都屬於對方的命令。如果她不能完全自由地說「不」，就不能自由地說「願意」。

丈夫容許嫉妒干擾性生活有很多原因，最普遍的是對妻子婚前舊情人的先入成見，舊情人通常比丈夫先認識妻子。在辦公室裡，我們每天都聽見同樣的故事，更讓我們堅信上帝的標準：為了讓婚姻更美好，就要杜絕婚前性關係。有些夫妻可能已經結婚十年，但妻子曾與他人上床的想法仍然縈繞在丈夫心頭。在性行為中，任何的停頓或明顯缺乏熱情，都會觸發他的嫉妒心理。他可能一心想要知

道她過去的詳細情況，無法將她的過去埋葬在歷史裡。

如果她不能完全自由地說「不」，就不能自由地說「願意」。

或者丈夫的嫉妒對象是近在眼前的人：妻子的老闆、詩班的指揮或網球教練，都可能使丈夫心懷不安。這些想法不是基於其他男人與妻子之間有不恰當的行為，而是從他內心的焦慮中發展出來的。他甚至可能嫉妒他們的孩子、她的母親或她最好的朋友，看他們佔據她多少時間，得到她多少注意力。除非他覺得自己是她的生活中心，否則就會變得很緊張。

湯姆和布蘭達結婚十四年了。然而湯姆似乎無法停止想像布蘭達在信主和遇見自己之前，如何和另一個男人發生性關係。湯姆會定期與她重溫過去的場景；他詢問細節，說自己不想再有新的驚訝。布蘭達只能盡量安撫他，老實告訴他能夠回憶起來的所有資訊。但每次他們發生性行為後，湯姆就會懷疑這是否比她以前跟另一個男人在一起時的情形更好。湯姆這種行為，大大破壞了原本夫妻可以享受到的快樂。

我們必須幫助湯姆接受一個事實，就是布蘭達已經完全從過去的經歷中走出來了，無論在靈性還是情感上。湯姆的嫉妒是捨棄那段往事唯一的障礙。

丈夫的佔有欲與妻子實際所做的事無關，是與缺乏信任有關心。他把

委身與承諾的安全感帶來性的自由，佔有欲卻窒息了自由。

不安全感的因素帶進了夫妻的關係裡。如果你是個佔有欲很強的丈夫，你必須控制嫉妒，否則就會把妻子推得更遠，而不是將她吸引到你身邊。你要尋求幫助，了解你嫉妒的根源。委身與承諾的安全感帶來婚姻中性的自由，佔有欲卻窒息了自由。

第十一種：自私的愛人

在床上以自我為中心的男人，通常在生活中其他方面也是如此。

如果你專注於自己的需要，對妻子的需要卻漠不關心，你可能是個自私的愛人。你是否常說「我需要」、「我想要」、「你應該」和「只要你願意」？或許你覺得只有自己知道想要什麼，或者你自認擁有高雅的品味。或許你以為如果能讓她滿足你的需要，那你也會滿足她的需要。

自私的愛人有一種「我優先」的態度，但「我優先」的方法在性愛中卻行不通。唯有當你是僕人型領導、僕人型愛人和僕人型丈夫時，性愛對你們才會是最好的享受。

你要悔改並在態度上有所轉變，才能扭轉自私。除非你降服於基督，讓祂在你的生命中掌王權，否則放棄這個習慣的過程會相當緩慢。

你的妻子也可以成為你很好的幫助。抽出時間聆聽她的想法，她與你這樣自私的愛人結合是怎樣的情形和感受，不要抱著抗拒的心態。如果你能坦然面對自己，藉著上帝的幫助，你就會有知識、勇氣和力量去改變。

第十二種：被動的愛人

自私的愛人是活躍的自我中心者，被動的愛人則是被動的自我中心者。他說：「讓她去做吧。」

這種丈夫沒有能力給予，他只想要別人來取悅自己。他像一塊單向海綿，只知道吸

Love Your Wife

你很特別，但你的妻子也是；放下你被服侍的權利，起來服侍她。

收。某個妻子如此描述她被動的丈夫：他準備做愛的方式是，他躺在床上，將手放在腦後，示意說已經準備好要做愛，她可以開始了。

被動的丈夫認為自己是特別的，所以他需要以一種特別的方式被照顧。在這種被動的自我中心意識裡，有皇室般的優越感，他可能覺得妻子很幸運

能擁有他——如此迷人、聰明、有吸引力、富有、擅長音樂的男人。他認為她應該充滿感激；如果她不知足，還有很多女人排隊等著。

這種態度很容易讓別人、特別是妻子感到自己不勝任，最後會導致非常憤怒的情緒。一開始妻子可能還想試著取悅被動的愛人，但她得到的只是失望和憤怒，她覺得自己被冒犯了。

就像自私的愛人一樣，被動的愛人也需要心態上的改變。如果你是屬於這一類，請不要再繼續以為自己有多特別，以為自己有權免除正常夫妻關係中應盡的責任。你的行為正與僕人型領導相悖。改變不是一件容易做到的事，但如果你想擁有滿足的性生活，改變是不可或缺的。

第十三種：苛刻的愛人

苛刻的愛人使用充滿敵意的利刃來評價一切。他的評論可能不僅是性方面，還包括妻子的家事、外表、體重、衣服、裝飾、對孩子的教養甚至她熨褲子的方法。在性行為中，他批評她過動或不動，她是否顯示出相當程度的熱情，或者她是否以合適的速度回應。這些言行扼殺了性行為中自發性的快樂。

如果你是苛刻的愛人，奚落行為會在你身上自動流露出來。也許在你的成長歲月裡，你的父親或母親就是這樣對待你。

要糾正你愛批評的傾向，在控制你的思想之前，可以從控制舌頭開始。不要隨口說出你的想法；什麼都不說，總比貶低你的妻子好。練習以積極的言語取代苛刻的想法。

當你的妻子聽到你肯定的話語時，她的滿足快樂就是對你的回報，而且會反過來引發你更多的積極思想。最後你會發現，連你的想法也變得不那麼帶有挑剔意味了。

第十四種：控制欲的愛人

這種男人覺得需要控制他的妻子。當涉及性生活時，他可能想要掌管整個順序、活動甚至反應，一切都必須按照他的條件進行，如果不是，他就會焦慮並且蓄意破壞。

控制的愛人也可能只想在性行為的某一方面握有權力，或是只有當他感覺妻子或事情「失去控制」時，他才會「施加壓力」。如果他對自己的反應或表現覺得焦慮或不安，就想用掌控來穩住自己的搖擺不定。

如果你是控制的愛人，可能會得到兩種反應中的一種：妻子被動地配合你，喪失了興趣；或者極力反抗你想要控制她的每一個步驟。

放棄控制對你而言也許很難。你可以先從確定是什麼原因引發你想要控制開始著手。與你的妻子談這件事，鼓勵她，當你的控制傾向干擾你們的性生活時，讓她來提醒你。

可以嘗試一個實驗：讓她來負責一次完整的性行為。這甚至會是很有趣的經驗。告訴她你作為被動角色的想法。

當你學習注重雙方的愉悅時，嚴厲的控制欲會隨之瓦解，你將體驗到真正的輕鬆自在。

第十五種：疏遠的愛人

這種男人迴避親密關係，他總是表情冷漠。他必須與人保持距離，不僅和他的妻子，也和自己保持距離。

疏遠的愛人缺乏自我接納，他已經學會用冷漠的態度來面對內心的掙扎。其他人可能以為他是自信、甚至高傲自大，但事實上，他的冷漠只是對親密關係的不自在。

通常有很好的理由可以解釋為什麼形成疏遠的愛人。如果你是屬於這個類型，可能在你的成長過程中，經歷到從父母那裡而來的痛苦或冷淡；你可能在過往的一段感情中敞開自己時受過傷害；在童年時，你可能遇過造成傷痛的夥伴。

不管原因是什麼，你的疏遠已影響到你的性生活。例如，你可能會在做愛中經常地詢問妻子問題。當你把自己擺在詢問者的角色，而她作為回答者時，你就與她保持了安全距離，但你的疏遠會扼殺你們的關係。你的配偶將很不情願與你談論她對親密關係的渴望，害怕造成更大的距離。

要打破這個模式，首先你必須知道你自己的本相，並接納自己，如此才能與妻子自由地分享。你可能需要諮商師的幫助，拆毀心中的保護牆，才能讓你的妻子靠近，並讓你自己也靠近她。

Love Your Wife

認識自己，開放你的心，分享你自己，與妻子親密的自在感就會隨之而來。

第十六種：羞怯的愛人

一個男人有可能也會對很多事情感到羞怯——談論性、分享他的身體、回應性慾、交流他的感受、被撫摸、讓他的性感部位被愛撫、發出呻吟

聲、觸摸妻子的生殖器、享受她的濕潤，或者表達他的需要和渴望。

如果你是羞怯的愛人，妻子一定知道，雖然她可能不了解怎麼跟你談論你的羞怯，並幫助你越過這個障礙。

你可以克服羞怯加諸你們兩人的限制與約束。與妻子一起非常詳細地確認你對哪些事情感到羞怯，把它們寫在一張紙的一邊，在另一邊寫下從你的羞怯中獲得全然的自由會是什麼樣子。然後，從現在的狀況出發，將你要採取的行動分解成小步驟，克服你的羞怯，讓你和妻子享受到完全的自由。

第十七種：需要權力的愛人

這種男人喜歡支配別人。當他感受不到自己比妻子更強而有力時，就無法有所回應。當妻子主動時他會拒絕。他需要她屈服於自己的要求下，在性行為中，他會故意用一些她不易接受的問題來為難她，或者在她不方便的時候要求她。他設立了一個必須贏的權力較量。

如果這是對你的描述，可能你與父母之間也有權力較量。你的母親可能會支配和控制你，或者在你需要時不在你身邊；你的父親可能用他的身體力量來掌控你，甚至會打你、羞辱你。

如果你在無法握有權力時感到焦慮或不高興，試著與你內心的小男孩談話，告訴他，不再需要保護自己以抗拒父母的控制。你有妻子作你的同伴，如果你允許她與你平等的話。

要打破你對權力的需要，可能必須藉助專業幫助，了解你和女人的關係，分辨你與妻子的行為模式，並將兩者平衡。行動或許優先於感覺，一旦你選擇改變，改變就會發生。

當你放棄權力，你對權力的需求將會減少。逐漸地，即使你不是個 「有權力的人」，你也會感到舒適自在。

第十八種：缺乏興趣的愛人

男人總被認為應該隨時對性充滿渴望。當一個男人對性缺乏興趣時，他可能會感到自己沒有男子氣概。

其實對男人來說，因為性慾低落而煩惱的狀況很普遍，高於一般人的想像。當這種情形發生時，他的妻子也會感到困擾，因為她想要被渴慕、被滿足。

造成性慾低落的原因很多。幼稚的愛人、無聊的愛人、缺乏安全感的愛人、迴避的愛人都各有原因。性侵害或創傷的受害者；在嚴厲抑制性慾的環

境中成長的人；或者被有控制欲和支配欲，並且貶低男人的母親撫養長大的人；掙扎於沉溺上癮、同性戀傾向或其他任何干擾他對妻子產生渴慕的欲望之人，都有他們的故事。

環境也可能暫時阻礙你的性慾。工作壓力、孩子或經濟上的掛慮會阻礙你；沮喪、焦慮或恐懼也會打擾你，尤其當你對性產生恐懼時；疾病、酒精、處方藥品或荷爾蒙失調可能形成生理因素；婚姻關係中的衝突也會妨礙你的性慾。一旦這些問題得到解決，通常性慾也會恢復。

如果你缺乏性慾，是由於感覺自己性無能或深層的情緒問題或創傷，我們建議你接受性行為治療和心理治療；如果你是因為親密關係中的問題，那麼婚姻治療則是必要的；至於生理上的原因，醫師就應該能幫助你。隨處都有可利用的資源。你最大的障礙不是找不到幫助，而是你缺乏動力去做那些有必要改變的事情。

第十九種：匆忙的愛人

在性行為中匆匆忙忙的男人可能沒有安全感、焦慮、以目標為導向或沒有控制射精。他可能想像自己是七分鐘的奇蹟，但他的妻子卻可能認為他很自私。

　　如果你的問題是控制射精，那你一點也不孤單。在我們舉辦的提升性愛講座中，有三分之一到二分之一的男人都想學習如何持續更久。

　　缺乏這種控制的男人可能在前戲時或插入後的幾秒、幾分鐘內就會射精，他的妻子沒有時間去回應。如果這是你的問題，可能是你從青春期的手淫中養成這個習慣，或者你不知道該如何留意你的性亢奮程度，好讓你在到達射精之前控制自己。

　　你可以在這個領域裡學到控制。給自己幾個月時間，參考與該主題有關的書，按照書上的步驟去做，例如我們的另一本書《重建歡樂》。這本書（以及其他同性質的書）說明如何調整身體，以延長高潮前的亢奮狀態，並讓這期間變得更持久。

　　如果你在過程中需要治療師的輔導，不要害怕尋求幫助。當你能持續得更久時，你將發現更大的熱情、更強烈的興奮和性的滿足。你甚至可能從七分鐘的奇蹟變成馬拉松好手！

第二十種：焦慮的愛人

　　焦慮會干擾愉悅感和正常功能的發揮。一個男人的自我意識、警覺性、監視或旁觀都可能讓他無法進行性行為，因為他很難勃起或保持勃起。

焦慮會引起勃起障礙，就像引起失眠症一樣。你不能在特定的時間裡決定要睡覺就能睡著；然而當你疲倦時，若有合適的條件，就能呼呼入睡。如果你很專心地想要勃起，反而不能正常地發揮功能；但如果提供了適當的條件，而你也開始興奮，勃起就是自然而然的事了。

如果你有勃起困難，要弄清楚是否是生理上的因素。你可能需要做身體檢查，測試陰莖的血壓、夜間勃起、荷爾蒙指數和藥物副作用。如果這些都不是原因，你就可能是個焦慮的愛人。學習從注重表現中分散注意力，專心享受歡樂愉悅的肌膚之親。

暫停性生活也可能有幫助。你的妻子必須學習去享受你的身體，也讓你享受她的身體，但不要求回應。當你感到焦慮時也要很自在地告訴妻子。

如果單靠自己不能解決問題，你可能需要性治療師的協助。這值得你付出努力，你能夠學習如何無憂無慮地享受性愛。

第二十一種：性成癮的愛人

如果性控制了你，你就是個性成癮的人。你依賴於性滿足來感覺良好，並依靠這感覺活下去。那些伴隨著焦慮和愧疚感的性行為，是一種無法控制的強迫症。

　　你的行為可能有個循環模式，從魂不守舍開始，你想要行動的欲望不斷累積，直到開始例行的儀式。你的儀式可能包括將行為合理化的想法——告訴自己你的行為不會傷害任何人、沒有人知道、這麼做是你應得的、你的妻子不能滿足你的需要，或是你想做的會帶來「好事」。你與自己正常的思維方式脫節，你恍神了。

　　然後你開始行動。這可能包括看色情圖文，無論是在網路上、錄影帶上還是電視上；去按摩院、與妓女淫亂、發生婚外情、偷窺、穿著異性服裝、騷擾調戲、手淫或對妻子要求某些性動作。

　　不管行為是什麼，最後都包括性慾的釋放。伴隨釋放而來的是解脫的感覺——然後是失望和懊悔，接著就是下決心以後永不再犯。這個決心只持續到下個週期開始時。你可能會重複這個模式一天幾次或一年幾次。你知道自己已經性成癮了，你的妻子可能也知道，即便她還無法完全向自己承認這件事。

　　如果你是個性成癮的愛人，你的行為正在毀滅自己和婚姻關係。你越過妻子而選擇其他的性形式，違背了《聖經》哥林多前書七章3-5節的教導。你沒有對妻子盡到性的責任，沒有給她權柄來主張你的身體。

　　你需要幫助，而且是可以得到的。閱讀崔

克‧卡恩博士所著的《走出陰影：了解性癮》
（*Out of the Shadows: Understanding Sexual Addiction*），以及馬克‧蘭瑟所著的《信實與忠誠》（*Faithful and True*）是很好的開始。諮商輔導與投入十二個步驟的戒癮計畫也是必要的。

要控制自己的行為，必須面對你已經成癮的事實。你必須承認你需要幫助來控制自己，你需要上帝的赦免和力量，也需要別人的監督來戰勝你的成癮狀況。

✳ 當她失能時

當性失能時，而你自己不在前面所列舉的項目中，該怎麼辦呢？

如果你的妻子正掙扎於性方面的某些調整呢？如果她不感興趣，或者當她感興趣時卻什麼也沒發生呢？如果性愛總是傷害她呢？

Love Your Wife

你或許不必為妻子的性失能負什麼責任，但你卻可能是解決方案中最重要的一部分。

如果你已經處理好自己在性方面的問題，那就不必為妻子的性失能負什麼責任，但你卻可能是解決方案的一部分。

她缺乏興趣

　　一個女人對性缺乏興趣最可能的原因是：她將性與情緒上的痛苦、創傷、失望或冒犯連結在一起。她可能曾暴露在色情畫面、性觸摸或其他童年的性侵害；她可能在幼年或成年時經歷過生殖器手術的創傷；或者她可能在成年時遭受性攻擊。

　　性慾缺乏的第二個最普遍的原因，是有個不斷索求性行為的丈夫。如果你們之間的情形就是如此，退後一步，她會需要時間來了解自己的性慾。

　　第三個導致興趣缺乏的原因（可能是最頑強的一個），她來自於酗酒家庭，特別是有個酒鬼父親。酗酒者的女兒傾向於抵抗，除非她在生理上已變得亢奮，此時她會很有回應，也有高潮，但之後她的興趣很快又會消失。她知道如何讓自己興奮起來，但她憎恨那種失控的感覺，那會讓她想起酗酒的原生家庭。

　　女人也可能因為其他原因而對性缺少興趣——感覺不被關心、把性看作是讓男人釋放的機械運動、認為快樂是罪惡的、或者從沒聽過有關性在婚姻中的積極資訊。就和男人一樣，生活和關係的壓力、生理和情感的問題，以及藥物都可能把她的性慾封閉起來。

　　無論妻子性冷感的原因是什麼，你都能夠成為

解決方案中的主要力量。你的體貼將是好的開端。糾纏不休、強迫和哄騙

你有能力去關心妻子，是你與她的性回應之間正面聯繫的開始；性慾會隨之而來。

都必須停止。如果你是為了她好才「與她同寢」，而不是為了得到你想要的，她就會對你敞開心房。如果她有需要，鼓勵她接受諮商輔導，並在過程中合作。

當妻子感覺到你的關心時，她對性的負面看法就會變為正面。當她對性的回應與她感覺得到聆聽和了解相聯繫，而不是與痛苦、追逐或創傷相聯繫時，她的性慾就會建立起來。

她很難興奮起來

除了荷爾蒙改變的影響之外，一個女人很少會在性興奮時沒有性徵的反應，如陰道濕潤和乳頭勃起。不過她通常沒有察覺這些反應，她的情緒還沒有趕上身體的節奏。

感受不到性興奮的女人，心中通常縈繞一些念頭：如何讓她的丈夫快樂，或者努力想回應他。她還沒有學會與自己的性慾和性需求合拍並進。

你的妻子可能需要你的允許，讓她為自己的快樂去追求性愛。你能幫助她隨心所欲，鼓勵她順應

自己內心的性慾去享受性愛，不要把注意力放在你身上。讓她知道只要她快樂，你就快樂，她不需要為了你去回應或表現。

為了專注在過程的愉悅而非結果，你可能需要放慢步調，她可能會發現性潛力正等著表達出來。記住，當你停止謀取時，就會得到回應。享受一起為這個計畫努力的愉悅經驗吧！

她很難有高潮

如果你很少或從來不射精，會有什麼感覺呢？對男人來說，精子和精液有一個累積的過程；女人也一樣，性興奮的過程讓女人的身體充血，在生理上預備好高潮的反應。如果沒有發生高潮，隨著時間的推移，她就會讓自己慢下來，性興奮的次數越來越少，最後不要性愛。

你能做什麼呢？要知道，她的高潮並不能讓你成為最好的愛人。你不必負責給她高潮，她也不必負責給你高潮。

想得到高潮的強烈欲望只能從她心裡發出。你可以安慰她，告訴她不需要為了你而要求自己必須達到高潮，但你會為了她所嚮往的快樂，盡你所能地配合她。

她永遠不會有想要就有的高潮，鼓勵她不要做這種嘗試，你也別嘗試給她高潮。為你的愉悅去享受她的身體，而不要為她的回應；讓她知道你喜歡她這個人。積極地享受你的身體，可以分散她的自我意識，激發她身體自然的、不知不覺的反應。

邀請她與你分享她身體的渴望為何。如果她不知道，你們可以一起試驗。在她身體的

各部位嘗試不同方式的撫摸，讓她告訴你每種撫摸的感覺如何，而不是撫摸產生的反應。

接受她對自己身體的權威。對一個女人有效的方法，不一定對另一個女人有效。將你自己想成電影裡的配角，她是主角。你的角色就是竭盡全力支持她，將她帶到性潛力能夠發揮的地方。

她的痛苦妨礙了快樂

性愛的設計是要成為愉悅的經驗，而不是要受傷害。

當一個女人在性行為中感到疼痛時，醫生可能難以確定疼痛的來源。因為檢查顯示，她的生殖

器官是正常的，也許女人會直接或間接地接收到資訊，以為痛苦存在於她的腦海中。

我們的回答是：「不，疼痛是在她的陰道中！」在二十年針對性交疼痛的女人的治療經驗中，我們還沒有看過可以自己創造或想像痛苦的女人。

壓力能引起疼痛嗎？絕對可以。但造成疼痛更常見的原因是由於肌肉緊繃，而這可能源自於外傷、感染、發炎、撕裂或其他一些生理狀況。即使疼痛是因焦慮所引起，仍然是會痛的，仍然需要身體的介入。

你能做什麼？認真看待她的疼痛，不要繼續痛苦的經驗。

幫助她確定和分析疼痛的性質。在性交過程中的什麼確切**時間**開始疼痛？確定疼痛的**位置**，是在陰道外側、陰道口、在控制陰道口的肌肉周圍、或更深處？是一個點還是一片區域？是**什麼類型**的疼痛，刺痛、劇痛或一般的不適？一旦妻子能回答這些問題，就能幫助醫生更準確有效地診斷和治療。如果醫生不願意或無法確定疼痛來源，她應該繼續尋求幫助，可能需要

Love Your Wife

疼痛需要被認真看待並視為真實。

找到在婦科和泌尿科兩方面都具專業的外陰疼痛專
家。

　　除非你妻子的疼痛解除，你們才能享受滿足而
有意義的性生活。她需要你作她的盟友，讓她確信
問題總有答案，總有人能夠幫助她。

❀ 作你妻子的情人

　　你想要成為你妻子心目中哪種類型的情人？

　　你可能在我們所列出的二十一種功能障礙的愛
人典型中看見自己零星的影子。我們希望你正在思
考改變的方法。

　　你的身體不是你自己的，而是她的。當你學習
作一個付出、服侍的愛人時，你將把更多的愛、熱
情和親密關係帶進婚姻中。你將反駁所謂「已婚婦
女的幻滅」這種說法，那通常是由於丈夫不願超越
自己、進入妻子的世界所造成的。

　　無論是你的一部分或者她的一部分功能出現問
題，找出問題並採取解決辦法，可以讓你們兩人更
親密。你的意外收穫是完滿、沒有阻礙的性生活之
喜悅；或者換句話說，與你的妻子在床上時會有更
多的樂趣。

外遇考驗婚姻

保護你的婚姻似乎不必要，你和妻子或許堅定地互許終生，也委身於上帝，不貞不是一個可被允許的選項。你們對彼此的愛情難道不能讓你們免於被別人吸引嗎？

就以山姆和珍妮的故事為例，他們已經結婚十二年，自認為關係很牢固。他們唯一的問題和性有關：山姆長期為珍妮的缺乏「性趣」而煩惱，珍妮則常覺得自己對山姆唯一的價值就在性方面。

他們的孩子都已經上學了，因此珍妮決定重新找一份兼職的工作，在一家大公司裡作會計。她在職場中遇見了比爾。

比爾也是會計，坐在她隔壁，兩個月前剛與妻子辦完離婚手續。比爾開始與珍妮交流教養孩子的問題。珍妮發現自己與他分享的東西越來越多。

有一天，她突然有個念頭：**比爾將我當作一個人來關心，他不只是對我的身體感興趣。**

那可能就是外遇的開始。

❦ 了解你的弱點

儘管你認真看待聖經的教導，同意夫妻是一體的，不可污穢婚姻的床，但你仍然是一個血肉之軀。

在《婚姻伴侶關係》（*Marriage Partnership*）雜誌上，史密斯（Harold B. Smith）訪問一些男性，提到他們在這方面的掙扎：

> 丹：一個總是渴望你的美女，總是主動邀請你，不會跟你生氣，你也不必在情感層面與她有瓜葛——那真是很有吸引力的想法。而我將這個幻想帶進我們的婚姻。

> 邁可：我的幻想是有一個非常渴望我的女人，她簡直不能離開我。但那是幻想，因為第一，我的妻子還不到那種程度——雖然她已足夠能滿足我了，但我仍然期待！第二，我覺得我有責任主動。我必須去取悅她，讓她知道她是我所渴慕的，讓她知道我喜歡與她做愛。我想她也希望這樣。

> 肯特：我很驚訝地發現，情慾不會隨著婚姻而停止。如果現在有某個人可以跟你進行性行

為，周圍的聲色世界對你說：「試試看，現在就
試試看！」情慾立刻就會增長。你彷彿覺得媒體
中所有的性感偶像，好像都應該在自己的愛情生
活中體驗到。1

當隔牆花更香時

一旦你與某個人生活在一起，日復一日，年復
一年，就很容易看到對方的缺點。曾經吸引你的性
格現在反而會激怒你。

舉例來說，當珍妮似乎很難有性慾時，山姆
被挑戰要去克服這個難題。一開始，當他對她的身
體熱烈渴望時，珍妮也會興奮地回應，但現在不會
了。

珍妮和山姆都沒有考慮這個事實：新鮮感令人
興奮，也隱藏了缺點。

情境提供機會

當你與一位異性頻繁或不斷地接觸時，對他或
她的感覺就會發展，吸引和依戀都有機會增長。這
種情形在同事、密友、鄰居之間都可能發生。它看
起來很自然、幾乎不可抵抗，而且正常得不得了！

　　另一方面，你卻能夠與一些人密切合作許多年，非常尊敬他們，甚至喜歡他們──但從不曾發現自己被他們所吸引。所以，了解自己並知道哪種類型的人會觸發你的弱點非常重要。

　　情境吸引對某些人而言比其他人更容易發生，如果你或你的妻子在這方面比較軟弱，就需要警醒守護自己的家園。

　　是什麼原因讓某些人更容易發生外遇，很難完全了解。有些人如同雷達掃描器，隨時尋找機會；另一些人則彷彿會發出吸引人的頻率。

　　為什麼在兩個人之間會有感覺，和其他人卻沒有感覺，原因也不清

Love Your Wife

了解自己，並要知道自己的弱點。

楚。有些因素，例如身體的味道和體型、情感和智力類型等等，似乎有影響。你和妻子應該對彼此容易被什麼類型的人吸引有一定的了解，並且有責任向對方說明「你喜歡的類型」是什麼。

　　根據哈威爾・韓瑞斯（Harville Hendrix）在《相愛一生：談夫妻相處之道》（*Getting the Love You Want*）書中的說法，讓你覺得可以給予你從來不曾得到的父母之愛或稱讚肯定的人，較容易讓你產生依戀。會被某人吸引，可能與你在那個人身上發現父母的影子有關。[2]

生活的變化讓人更脆弱

生活中的變化，不管是正面的還是負面的，都是一種壓力，會動搖你的安全感。生活變化的劇烈程度，決定你受到外在依戀影響的程度。

珍妮的情況正是如此。度過十二年的家庭主婦生活後，她得到一份新工作。她渴望在工作中表現良好，為了工作把自己打扮得光鮮亮麗，整天與成年人交流——這些都是環境的改變，增加了她的軟弱。

珍妮希望山姆像比爾一樣與她分享，傾聽她的想法，這更加強了珍妮對比爾的回應。即使她從沒有想過：「如果我與比爾發生外遇，就能讓山姆把注意力放在我身上，而不是性上面，也可以讓他明白我從他那裡需要的是什麼。」結果就發生了。

Love Your Wife

渴望改變居家生活，也可能提高對誘惑回應的可能性。

因不安全感尋求驗證

想像一下：你對自己不太有信心，在你成長的過程中，必須力求表現來獲得母親的愛或注意。現

在你的妻子似乎也對你不太肯定；有時候，你覺得
她給你的，只是一張待辦事項，或是她希望你有所
不同的期望清單。

在工作上，你的女同事認為你是最優秀的。如
果她深深注視你的眼睛，說：「你與別人不同。」
會發生什麼事呢？

或者假想你的妻子從來不曾對自己感覺良好。
當其他女孩在生理上趨於成熟時，她的胸部仍然平
坦，她沒有如她所希望的那樣發育得挺拔完全。這
件事對你從來不是問題，但你的話似乎對她影響不
大，她對自己的身體不滿，妨礙她與你共享魚水之
歡的意願和樂趣。如果住在隔壁的男人表達深深被
她所吸引，會發生什麼事呢？

成癮的誘餌

做壞事的快感也可能引發激情和性興奮。

如果你容易將冒險和愧疚感與性連結，可能始
於手淫，或者與你女朋友的行為超過了你認為的正
當界線。當性的感覺最初是與一些違禁的活動聯繫
在一起時，你就可能只有在具備不正當性時，才能
體驗好的性愛；而在婚姻中卻沒有激情，因為婚姻
被認為是正當的。

我們發現性的模式很容易受到制約。那些第一次引起性的感覺和反應的活動與事件，往往成為將來所有性興奮和回應所需要的條件。

這就是為什麼我們堅持父母應該教導兒女肯定性的感覺，為自己的行為負責。孩子必須知道，上帝設計他們的生殖器，是要他們享受美好的性感覺和性反應；上帝把性的結合和愉悅，設計為婚姻關係中所期望的一部分。有些教導，例如不許觸摸生殖器，導致錯誤的罪惡感，把美好的、上帝所賜予的感覺與做錯事混為一談。

一個將性與冒險和罪疚感相聯繫的人，在正當的婚姻中無法享受到完全的性潛力，也更容易去追尋不正當的性關係。

不快樂的婚姻提供藉口

沒有任何婚姻是完全沒有缺憾的，沒有任何一位配偶能夠完全滿足一個人的所有需求。

華倫博士在《學習與一生摯愛共同生活》（*Learning to Live with the Love of your Life…and Loving it!*）一書中，談到長久維持婚姻的十個恩愛祕訣。如果你做不到其中許多項，你就處於發生外遇的邊緣。[3]

　　如果你沒有依照史摩利在《堅持到底：造就一個守約者》一書的婚姻章節中所提出的建議，在你的婚姻情感帳戶裡保留足夠的存款，你就更容易有婚外情。[4]

　　如果你不管理好對婚姻意義重大的五個正面因素與一個負面因素的比率，如同約翰・高特曼（John Gottman）在《婚姻成敗原因》（*Why Marriages Succeed or Fail*）中所描述的，你就處於出軌的危險中。[5]

　　不愉快的婚姻並不是外遇的藉口——將它當作合理化藉口的人除外。

※ 預防外遇

　　當家裡的生活變得沉悶，或者當你覺得你付出的比你得到的更多時，在婚姻之外尋找親密關係可能充滿誘惑力。但那不僅是錯誤，還是髒亂的。

　　使你的婚姻免於不貞，是你可以立下的承諾，付出努力來持守這個承諾非常值得。

無人能豁免

　　首先，面對現實並接受自己的軟弱。你可能不

會「這山望著那山高」，不會被同事或鄰居吸引，在你的婚姻中不會有變化或想要有變化，你沒有不安全感，也沒有上癮。你可能喜歡你的妻子，她也喜歡你。但面對試探你並沒有豁免權，因為你是人。

聖經中的教導是很清楚的：我們應該選擇一位伴侶，並承諾要忠實地與配偶共度餘生。這並不是說因為我們作了那個選擇，就不會被別人吸引。我們是有反應、有性慾的人，而反應是無法選擇的。

當你不保護自己的婚姻時，可能會措手不及。對某人的感覺可能彷彿突如其來，或逐漸

Love Your Wife

當試探考驗你對「愛就能防止外遇」的信念時，夫妻之愛便受到挑戰。

地充滿你的心，連你自己也不知道事情是怎樣發生的。這感覺跟愛無關，但不理性的癡迷似乎更加強烈。

這種情形可能永遠也不會發生在你身上，可能在你的一生中會發生一兩次。當它發生時，如果你以為只要憑著愛就可以保護你，那就可能引起你對那份愛的質疑。

堅固的婚姻是保護的盾牌

堅固的婚姻容易擊退不貞，但堅固的婚姻不會自然發生。以下六種方法，能夠建立抵禦不貞的婚姻關係。

1. 投資時間和精力

很多時候，男人或女人會抱怨自己的婚姻，卻很少願意投資於改善婚姻。但當婚外情的吸引力發出召喚時，同樣一個人卻願意為了建立新的關係付出極大的努力。

如果婚姻中有這種程度的委身，必然能夠造就出「熱情的一夫一妻制」（治療專家羅芙〔Patricia Love〕的一本書名）。就像我們在前面說過的，至少每天投資十五分鐘，每週一個晚上，每月一天，每季一個週末。這是我們夫婦婚姻持久的公式。

2. 了解並接受差異

即使妻子的女性特徵很吸引你，你可能仍然經常體會到亨利・希金斯教授在《窈窕淑女》中的沮喪感：「為什麼女人不能更像男人一點？」

不要期望你的妻子會更像你。記住，當你了解並接受彼此間的差異時，你們的不同之處就能為你們效力，而不是與你們為敵。

3. 追求共同的興趣

你和妻子可能已經失去共同的夢想。你們以前約會時喜歡做什麼？當你們計畫婚姻時，有什麼期望？之後你有什麼新念頭？你有沒有聆聽她的想法和目標？

4. 合一建造

我們經常收到女性的信件和電話，說她們因為丈夫不能與自己有靈性和情緒上的連結而深感沮喪。我們建議每天用十五分鐘來保持這種連結。如果你與妻子一起談話、閱讀聖經和禱告，她在床上將更顯熱情，你們的關係也將更堅固。

5. 一起玩耍、享受樂趣

讓你內心的孩童與她內心的孩童一起玩耍，但要小心別嘲弄和取笑。很多孩子在有害的嘲弄和取笑的環境中長大成人，也把這種習慣帶進婚姻中而互相傷害。

彼此取悦。關於更多享受樂趣的構想，請見第十一章。

6. 更新對彼此的承諾

《聖經》哥林多前書第十三章講得很清楚，

愛不是一種感覺，而是對彼此以行為表示鍾愛的承
諾。尊敬、溫柔和體貼，這些愛的證據讓愛增長，
諷刺、批評、忽略和漠視則會損害愛。所以要兌現
你的承諾，做到：

- 永不放棄

- 關心對方過於關心自己

- 不要奢望你沒有的東西

- 不要炫耀

- 不要自大自負

- 不要強迫妻子接受你

- 不要總是想著「我優先」

- 不要大動肝火

- 不要計算你妻子做錯多少事

- 當妻子對你佩服得五體投地時，不要得意忘
  形

- 以真理的興盛為樂

- 忍耐一切

- 始終信任上帝（改寫自哥林多前書十三章，
  聖經信息本）

純淨的心靈控制行為

《聖經》箴言廿三章7節說：「因為他心怎樣思量，他為人就是怎樣。」

在心理學中，我們談到心理預演（mental rehearsal）的概念。例如，一個演講者在腦中預演自己講話時結結巴巴的恐懼，就可能真的會結巴；或者，他也可以想像自己在演講現場流利地演說，來對付對結巴的恐懼。他在頭腦中預演什麼，將會影響他在現實中的表現。

你在頭腦中對外遇的預演和幻想，會提高發生外遇的危險性。當你心中掠過的念頭轉化為強烈的性慾時，它們就從誘惑轉變為你心中所犯的姦淫罪了（見《聖經》馬太福音五章28節）。

要幫助自己抵擋外遇，就要在心中充滿你與妻子相愛的、富有樂趣且美妙的性生活畫面。從自己腦中清除任何能引發淫亂的圖像──無論是來自網路、雜誌、錄影帶、電影或電視節目。學習合乎聖經原則的性教導、與你的妻子一起讀《雅歌》。

迅速離開、避免災難

為了逃脫外遇的誘惑，你有什麼因應計畫？

擬一個行動計畫，並在頭腦中排演。與你的妻子討論，如果你們發現自己與另一個人產生連結，你們會怎麼做？當誘惑來臨時，要採取立即、果斷的行動：

1.告訴別人（不是吸引你的那個人）。如果你們夫妻的關係夠堅固，就告訴你的配偶。

2.除了配偶之外，你最好告訴另一個人來監督你。

3.讓自己遠離那個吸引你的人。這可能意味著要換工作。

4.擬定一個抵抗誘惑的計畫，萬一意外接觸到那個人的時候可以使用。

5.經常在腦中排演第四項。

6.拒絕那些會增強誘惑的幻想。

7.將自己全然投入婚姻中，讀上帝的話並禱告。

別讓這事發生在你身上

在你心中操練忠實，你的行為就會為你個人、也為你與妻子的關係，帶來持久的快樂。

你要喝自己池中的水，飲自己井裡的活水。
你的泉源豈可漲溢在外。你的河水豈可流在街
上？惟獨歸你一人，不可與外人同用。

～箴言五章15-17節

chapter 09

與妻子作一次探險

想在生活中尋找性愛的火花？最好的地方就是你的家裡。

丹和凱蒂享受他們的性關係，婚姻品質也很高。但因為雙方都要工作，並參與三個孩子的活躍生活，性愛的頻率不如他們的期望。

有一天，丹和一位有吸引力的女客戶開會，他發現自己在想像怎樣追求她。他警醒起來，然後他想，**為什麼不把那些想像用在凱蒂身上呢？**

因為這個想法，產生了他和妻子一次追求探險的經歷。

❋ 為什麼要探險？

我們不是鼓勵你去幻想出軌，或者做出一些違禁的風流韻事，來為你的性生活調味。我們鼓勵你們去探險，不僅僅是計畫一次外出。特別的外出對維持夫妻關係意義重大，但與妻子的探險是只有一夫一妻制才能提供的。

腎上腺素的誘餌

腎上腺素是身體中的一種荷爾蒙，面對壓力和強烈的情感時就會釋

Love Your Wife

缺乏各種有力的情感表達，熱情將會熄滅。

放出來，其蓬勃活躍的特性能引誘人發生外遇。幸運的是，發生外遇不是體驗腎上腺素衝動的唯一方式，與妻子充滿激情的探險也能提供相同的經驗。

要想保持活力，你的婚姻需要強度。若缺乏各種有力的情感表達，激情將會熄滅。雙方在毫無禁忌的敞開交流中連結，共同分享激動人心的經歷，可以讓足夠的腎上腺素在你的血管裡湧流，從而消除長久的委身關係中常見「把對方當作理所當然」的態度。

新奇的力量

在外遇中，一切都很新鮮。兩個人對彼此而言什麼都是新的，包括身體、情緒和智識——但這是在錯誤的背景環境中。既沒有憤怒和失望，也沒有責任、危機或負擔要處理。

類似外遇中的新期望和新發現，要如何發生在兩個已婚且彼此親密了解的人之間？當他們都必須

工作以償還貸款、保持廁所管線暢通無阻、要在半夜起身照料嘔吐的孩子，並要試圖忽視令彼此不快的習慣時，這怎麼可能發生呢？

在你的婚姻中創造新鮮感，要比擠出一丁點腎上腺素更難，但你可以做得到！這裡有三個建議供您參考：

1. 作一個全新的你

你可以從改變開始。革除妻子抱怨你的壞習慣，成為一個新的男人。

如果她不喜歡你抓自己的臉、頭皮或鼻孔，就停止！

如果她憂傷時，需要你的同理心和支持，而不是提供解決辦法，就這樣做！

如果她告訴你，把你的乾淨衣服掛起來，把你的髒衣服放在籃子裡，現在就開始做！

如果你追求她的時候習慣衣著光鮮整齊，就再次這樣做！

我們曾輔導過一對分居的夫妻。他們正嘗試解決問題，重歸於好。他們喜歡一起騎腳踏車，但她不喜歡他在騎車時的打扮。

有一天，他打行動電話給她，約她碰面。

「你在哪裡？」她在手機中問。

他告訴她向對街看去。那裡有很多騎單車的人，最後她注意到一個身著全新騎士裝備的人，並認出那是她的丈夫。她不但笑起來，還衝過去見他。

有許多方式可以創造一個全新的你，即使是微小的增加或改正都會有作用。

2. 發現一個新環境

可能是旅館、汽車旅館、度假村、露營車、遊艇或露營地。你的家可以成為你與妻子進行激情探險的樂園，但你必須投入時間和精力，在熟悉的環境中創造嶄新的氛圍。

不管你選擇什麼場所，都要讓它與你們兩人所熟悉的環境不一樣。

3. 發掘新經驗

一次又一次地重複同樣的性經驗是很自然的事，但在婚姻中，有太多被浪費的潛力，也有太多需要發現的美妙新時刻。我們有時很驚訝，經過四十年的婚姻，仍能在其中一方身上發現某種全新的東西，讓我們以全新的方式在性愛上享受彼此。

也許你覺得行為或穿著和平時的習慣不同，是難為情或傻氣的一件事，就稍微勉強自己吧！如果真的不可能發現一個新場所並創造一次新經驗，也可以透過閱讀發現新點子。

如果你的探險並非為了給對方一個驚喜，可以邀請她參與計畫的樂趣。激情的探險可以發展成共同的努力，而不只是配偶一方跟著另一方走。

要冒險跨越目前習慣的安全界線，你也許會覺得很為難，但當你竭力去重新擄獲她的心時，你將與妻子一同體驗到新鮮的活力。

❋ 什麼是探險？

當關係中的激情開始減退，改善的方法就是願意冒險——用開放甚至願意受傷的心去尋找新奇、體驗生活，嘗試意想不到的事。

我們不妨想像一下，如果丹追求女客戶而不是追求他的妻子，他需要冒什麼險？他必須冒險讓對方知道他已被她吸引，而不知她是否也被自己吸引。他可能已經採取主動，並用身體語言、外表、電話和行動來跟進。

丹就是這麼做的，不過對象是他的妻子凱蒂。他打電話給她，和她聊天。他對她和她一天當中發

生的一切都表示興趣，他說自己對她處理手上一個專案的方式留下深刻難忘的印象。他向她求愛。

一開始，凱蒂懷疑他的動機，但他繼續訴說自己對她的積極想法和感情。他邀請她一起吃午餐，討論一些他們需要做的決定——很可能是以他曾用來邀請客戶共進午餐的藉口。

懷著好奇的心，凱蒂接受了。那是這對夫妻重得活力的性探險之始。

你願意對妻子採取行動並甘冒風險嗎？你可能會被拒絕。丹可能被拒絕，但冒險釋放了腎上腺素，為他和凱蒂的性生活添加了新的格局。

了解一個人也是一項風險。你可能以為自己已經知道關於你妻子的所有事情，但仍然有很多微小的細節等待被挖掘。那些發現能為婚姻帶來火花，你嚮往的激情有可能在埋沒多年後重新被點燃。

假如你對妻子已經覺得相當依戀和喜歡，了解她可能就比較困難。你必須回憶最初是如何贏得她的信任和友誼。重新贏得她的心，可能在你們兩人心中激起浪漫情懷。

如果你已很久沒對妻子獻殷勤，那麼你可能會覺得自己很笨拙。但冒險嘗試一些過去的追求遊戲，能刺激腎上腺素的分泌，也能激發生命的活力。

探險的五個重點

有五個重點能讓你與妻子的性探險獲得成功。

1. 共享一個祕密

兩人之間共有一個祕密，就像用一條繩子將他們綁在一起。與妻子創造一次祕密的探險，將會引發腎上腺素分泌和新鮮感。

對夫妻來說，擁有兩人之間的祕密實在是很棒的一件事，世界上沒有其他人知道他們所分享的資訊和經驗，甚至他們的治療師也不知道。

祕密可以將人緊緊繫在一起，為什麼不將你們兩人繫得更親密一些呢？

2. 事先計畫

你可以在婚姻中創造美麗的音樂，編一曲激情洋溢的探險交響樂，有恰到好處的時機、強度、平衡、節奏、漸強和漸弱樂段。你必須了解雙方的喜好和厭惡，知道雙方對各種情境的反應，然後你才能計畫。

當丹與凱蒂共進午餐時，他已經做好整個下午的計畫。他了解她會積極回應令人驚訝、意想不到的事情，所以在她毫不知情的情況下，他安排好孩

子放學後的照料事宜，打包好行李，在一間新的餐廳預定了包廂，並檢查他們的旅館房間，確定其中有各種可供他們在下午的約會中盡情使用的物品。

3. 表現出你最好的一面

既然你已經投入許多心力策劃與妻子的探險行動，你會有絕佳的動力表現出自己最好的一面。

表現出最好的一面，一定能讓探險活動增色不少。記住，要向你最深愛的人展現最好的一面，通常需要仔細的計畫。

4. 投注時間和精力

我們總是驚訝地發現，那些明明非常忙碌的人，卻願意浪費許多時間和精力在外遇中。你可能認為自己沒有時間或精力與妻子作一次探險，但是如果你希望彼此的親密關係存在強烈的力道，就要願意投入自己，你會得到回報。

5. 誘惑你的配偶

你是否發現，與你結婚的那個活潑熱情的女人現在變得庸俗不堪了？你可以刺激她，喚醒她的性活力。如果你夠幸運，娶了一個能保持甚至有更旺盛熱情的女人，在回應你的誘惑時，她會煥發出更加蓬勃的生命力。

要誘惑女人，首先你必須清除過去的傷害和憤怒，必要時你得道歉。

如果妻子感受到你的關心、理解和肯定，你將得到熱情積極的回應。你可能要用問候式的談話展開誘惑，問她對你們兩人的關係感覺如何。要確保你們是在良好的氣氛中談話。

所羅門王是一個誘惑者的好例子。他愛慕、稱讚並喜悅他的妻子，她則以邀請他享受自己的身體來回應。就照這樣做吧！

✻ 探險的入口

專門研究愛情的心理學家伊蓮・哈特菲（Elaine Hatfield）博士指出，激情之愛在經過最初的六到三十個月後就會減弱。但我們確信，激情下降並不是長久的婚姻關係之必然結果。激情可能會從起初的新鮮感改變為更深層次的滿足感，但那需要畢生的努力才可能實現。

想發展終身的、豐富的、有趣的、成熟的性活力，最好的方式就是為婚姻的深刻愛情和堅定委身增加一點探險的樂趣。真正的激情是發生在與你非常了解、愛慕和嚮往以致與其結婚的人之間。

所以，本週就開始計畫與妻子展開充滿激情的探險吧！

要使你的泉源蒙福；要喜悅你幼年所娶的妻。她如可愛的麀鹿，可喜的母鹿；願她的胸懷使你時時知足，她的愛情使你常常戀慕。

～箴言五章18-19節

chapter 10

性愛的實務面

性愛應該是件充滿樂趣的事！

這個事實反映在它帶來的愉悦感，在洋溢的激情、知覺的亢奮和高潮的釋放中。這些原始的興奮感，是按照你的本性，與你所熱愛的、願意託付終生的人連結，從而帶給人深深的滿足。

性愛也是件需要認真和努力的事。

從靈性層面來看，夫妻之間的性象徵最重要的關係——基督和祂的子民。性愛反映出在關係中成長的委身程度，它要求完全地放棄自我和敞開內心。在性的過程中，認真嚴肅的感覺也同時被激起了；婚姻中性的權利需要被嚴肅地尊重；性的責任也是對每個基督徒的嚴肅要求。

所以，性愛同時包含樂趣和嚴肅兩方面。説到婚姻中的美好性愛，認真地努力往往是樂趣的先決條件。在本章，我們就從討論如何努力開始。

十種性愛實務面的好方法

方法一：思考

這裡有一些問題可以問你自己：

你是什麼樣的愛人，你想成為什麼樣的愛人？

在過去這些年裡，你的性生活有什麼進步？

從妻子口中，你聽到什麼關於性的訊息？

你們兩人之間有什麼性的焦慮？

你的妻子以什麼態度對待你們的性關係？

你在思考什麼有關性方面的問題？

你可能正在考慮未來的財務狀況，思考你的職業。如果你已為人父母，就會思想自己在養育孩子方面做得如何，是否替孩子們的未來預見了什麼。為什麼不為你的性生活做同樣的事呢？

方法二：計畫

你的計畫會反映出你的思想，計畫會影響你的妻子。

Love Your Wife

計畫必須實現彼此的夢想，而非導致壓力或負擔的個人夢想。

你可能從沒想過要有性愛目標。如果這個計畫的目標不是關於表現能力，而是一個長期的夢想，這樣的計畫就有益處。計畫中必須有你能控制的行為，而不是不自覺的身體反應。

這裡有些例子：

- 在接下來的六個月中，學習控制過早射精。

- 讓妻子有較長時間來體驗愉悅感和增加的激烈度。（不是亢奮和高潮，那是自然反應。）

- 輪流為你們的性愛時間準備環境，創造更有趣的氣氛。

- 每週為對方閱讀一本與本書主題相關書籍中的一章。

- 在一週中的幾個夜晚，空出一個小時的就寢時間，互相欣賞對方的身體，不要求興奮或宣洩。

- 在每天的日常安排中，加入十五分鐘的交流和親吻時間。

- 嘗試比目前採用的避孕方法更不會干擾性行為的途徑。

無論你的目標是什麼，請與妻子一起去追求，但不要對彼此有要求或讓對方有壓力。

方法三：安排時間

為性愛安排時間？真無聊！

但不妨想一想，約會無聊嗎？你不也是為約會安排時間嗎？安排時間會影響你亢奮的能力和想要性愛的願望嗎？

我們記得有一次，在安排時間的約會結束時，我們停車的情形。我們彼此親吻，非常想要更進一步，那種渴望真的讓我們快瘋狂了。時間的安排增強了期待，而期待點燃了激情。

你可以盼望你們共處的時間，想像你希望看到什麼樣的情景。嘗試一下，你會喜歡的！

自發性或許是好的，但這並不是令人經歷興奮的性生活的必要因素。對大多數夫妻而言，經過時間安排的自發性最能發揮成效。

在安排時間的時候，你不是安排性交、亢奮和釋放的時間。對於婚姻中每一次絕妙、激情的共處時間，這些都不是必要的因素。

一些夫妻迴避安排時間，因為他們覺得應該先產生興趣且感到興奮了，才進入性愛時間——這是一種迷思。你安排時間，是要兩人獨處，可能會也可能不會進入完全的性體驗。這與約會時大不相同，你們現在有完全的自由，可以按照各自在當時

的欲望強烈程度決定要進展到什麼地步。你們會很驚訝地發現，如果兩人花點時間在一起，開始用性感的方式說話行事，你們很快就能性趣盎然。

你也可能是個例外，不適合採用於我們推薦的安排時間的做法。如果兩人在一起的時間與你們所嚮往的一樣多，你們的性生

自發性若來自女性，是可行的。性慾勃發的女人通常可以令男人性慾勃發；而性慾勃發的男人卻常常是對女性的負擔。

活滿有活力，雙方都很滿意，而且不作時間安排反而使你們更有熱情，那就請繼續享受吧！你們是幸運的。

至於名列其餘百分之九十九的人，應該學習我們認識的一對夫妻──蘇和鮑勃。請試著在每個禮拜天的晚上，作好下一週的時間安排和計畫；而且務必養成一個好習慣：當你們取消一個預先安排的計畫時，要趕快重新安排時間。

方法四：購物

買東西與性愛有什麼關係？關係很大！

為你的妻子買東西，是一種向她表達關心的方式，重點不在你買什麼或禮物大小。她不需要一輛

新的賓士汽車來感覺你愛她,她只需要知道你在想著她。

如果她的網球鞋鞋帶斷了一條,就買一對新的鞋帶給她,避免她在打球時跌倒。這微不足道的鞋帶如同璀璨的珠寶一樣珍貴,因為它說明了丈夫的心意:「我在想著你,我願意服侍你。」

購買與性生活有關的東西也是開心的體驗。在藥房買你最喜歡的潤滑劑,買香氛蠟燭放在床頭,買一床更柔軟的被單,或者買一本為性愛提供良好建議的書。不過要注意,她可能會以為你買性愛的書給她,是對她的一種要求。如果她沒有閱讀你買回來的三本書,你大概可以確定她也不會去讀第四本書。

你也必須了解你的妻子,才能知道內衣是不是恰當的選項。有些人會將它當作是一種要求。

一起購物也是一種樂趣,只要行程是雙方都滿意的即可。

在此給你兩個警告:

1.你必須記得你們的結婚紀念日、情人節、她的生日、聖誕節和母親節(如果她已是母親)。

2.你買不到性和愛。要做到讓妻子覺得你買東西給她,是對她關心和體貼的自然流露。

方法五：談話

男人不想**談論**性，他們想要**體驗**性；女人想談論性，體驗性，再談論，再體驗。

你的妻子想談話；她希望你對她感興趣。為了讓「體驗」的部分更美好，你可能必須進行「談話」的部分。每當你照著她的步調行動時，你們兩人都會獲得益處。你會因為她開心而感到開心，這是一種雙贏的局面。

在性行為中談話是個人的選擇。有一些夫妻喜歡在做愛時講很多話，另一些夫妻做愛時則完全沉默，但也非常快樂。

女人喜歡丈夫談論他對**她的**喜悅之情，而不僅是說到她的性感部位。某位女士告訴我們，當她丈夫不把她當作一個人來談論，並用粗話來稱呼她的生殖器時，她是多麼生氣。有些女人在性愛中喜歡被粗魯地對待，但對大多數女人而言都是一種冒犯。至於要直率到什麼程度，就要看你的敏銳度了。

在性愛過程中討論你們喜歡或不喜歡什麼時，最好配合動作展示。如果你們在性行為以外的時間就已經談過各自的喜好，那麼在性行為當中就可以參照你們所談過的，一邊說話、一邊配合相應的撫摸。

　　分析你們性生活的談話，雖然很重要，但不要在性行為時進行。談話中不應只提到雙方有困難的部分，也該談談使你們雙方感到興奮的事。

　　如果你對談論性事感到很難啟齒，可能是因為你不知道該使用什麼詞語來表達。你覺得尷尬，因為你不確定該如何稱呼各個部位。也許你在家裡從未聽過有關性的談話，或者只在更衣室裡聽過別人粗魯地談論。試著與妻子一起大聲地朗讀本書，你會對使用正確的性學術語感到比較自在。

　　你們談論性愛時應該有些界線。誰也不應該說到舊情人的行為是如何性感，即使你並沒有與那人發生性關係。會拿舊情人來作比較，通常是出於懷有敵意的原因，而增加敵意對任何一方都沒有益處。

　　另一個必須尊重的界線是──不要批評不能改變的事情。你與她結婚時，她的陰毛就比較粗，把注意力放在這種事上只會造成緊張和距離。

　　我們為洛杉磯電視臺錄製為期兩週的系列節目「純粹而簡單的性愛」（Pure and Simple Sex）時，更加印證了「夫妻間需要關於性愛的談話」這個觀念。製作人訪問那些從離婚法庭走出來的夫妻：「你們離婚的原因與性愛有關嗎？」丈夫們說性愛與離婚一點關係都沒有，妻子們卻說性愛與離婚關係很大。這是個清楚的證據，說明夫妻之間關

於性生活的溝通是多麼貧乏——也證明讓這樣的談話成為你們生活中的一部分，是多麼重要的一件事！

方法六：學習

學習關於性愛的知識是畢生的過程。就算已經結婚二十、四十或六十年，你在這方面仍然可以繼續成長。

學習了解她的身體和你的身體。互相告訴對方你們對自己的身體感覺如何，你喜歡和不喜歡的地方。肯定你們對彼此身體感覺良好的地方。

一起發掘你們喜歡的身體接觸方式，包括觸摸生殖器的方式。建立彼此的熟悉感可以減少焦慮，增加愉悅。

但要接受一個事實，當妻子的身體改變時，她的慾望也會改變。由於月經週期、可能懷孕、生子、停經，甚至是切除子宮等原因，她的身體會經歷比你更多的波動。你永遠都需要學習。

方法七：練習

學習之後，緊跟著的就是練習。

你可能需要練習控制射精，練習談話和輕柔的愛撫，練習在性行為剛開始的十五分鐘內，限制自己不要接觸生殖器。你可能需要練習如何刺激她的陰部。

你的妻子可能對G點（在陰道肌後方的陰道內側上方部位）的刺激有反應，你需要許多練習才能找到那個區域，並學習觸摸它，好讓你的動作帶來快感而不是痛苦。

親吻也需要練習。對部分夫妻來說，激情之吻是自然的，但對多數夫妻來說並非如此。不要假設妻子喜歡你親吻的方式，讓她告訴你她喜歡怎麼做。你或許喜歡她偏好的方式，但她可能不喜歡你偏好的方式。

我們發現，當一個女人可以自由地教她丈夫自己喜歡怎樣的接吻方式時，他會很開心，但角色反過來後卻不見得。一旦她告訴你了，就要每天練習，即使只花六十秒。美好的親吻是保持性活力的關鍵之一！

方法八：負責

在相愛的關係中，若配偶各自盡到當盡的責任，就能享受到最好的性生活。

假設你的配偶在任何時候都不知道也無法察覺怎麼做會讓你感覺最好，即使你們已經教導對方自己喜歡的方式，也練習了基本技巧，仍然只有你能感覺到自己的身體渴望什麼。在你回應她傾訴自己的需求時，要學習聆聽並表達那些渴望。

當你們接受對各自性渴望的責任，而不要求或強迫對方時，你們也接受了享受對方的身體以取悅自己的責任——信任你的另一半，當你的觸摸令對方不快時，他會告訴你。這種反饋的循環能為彼此帶來最大的享受。

方法九：協商

正如你們可以商量生活中的其他事情一樣，你們也能就性方面的差異進行協商。美好的性愛必須滿足雙方的需求，而不能只由一個人來規定。

很多夫妻沒有想過要就性生活進行商討。他們認為性愛應該是「一拍即合」的。但是當夫妻學習在各方面都學著協商時，婚姻才會最美滿。

妥協通常是有智慧的做法。如果你們其中一個人最喜歡早晨的性體驗，另一個卻喜歡在晚上，就嘗試輪流在早晚做，或者折中在中午。如果你們其中一個喜歡在做愛時打開所有的燈，把毯子丟在床

下，而另一個喜歡黑暗和躲在毯子下那種舒適的感覺，就嘗試昏暗的燈光，薄薄地蓋一層毯子。

在你們的差異中取得妥協，使雙方都被尊重而不覺得被侵犯。

有時妥協似乎是不可能的。舉例來說，你們其中的一個可能喜歡口交，而另一個卻對此反感排斥。這時就要尊重彼此的感受，不要做任何強迫或犧牲對方的事情。在協商的過程中，務必遷就保守的一方，這樣就不會有人覺得被冒犯。要接受一個事實：你不會總能得到想要的東西。

這裡有一張夫妻間常見差異的檢查表，它反映出來的是個人的喜好，而不是對或錯的問題。複印兩份，各自完成之後再討論結果。當雙方看法有差異時，一起討論決定這些項目對你們的重要性。在清單的最後加上自己獨特的不同點，同樣進行討論。

每年在結婚紀念日時，重新檢視這張檢查表，把它當作是幫助你們接納和協商彼此差異的工具。

需要協商的常見差異

__我喜歡主動	__我喜歡配偶主動
__我喜歡在早晨做愛	__我喜歡在晚上做愛
__我喜歡直接的開始	__我喜歡含蓄微妙的開始
__我希望每週有數次性行為	__每一週或兩週一次性行為，對我剛剛好
__我喜歡長吻	__我喜歡快吻
__我喜歡濕吻	__我喜歡乾吻
我喜歡講很多話	我不太需要講話
__在做愛前	__在做愛前
__在做愛中	__在做愛中
__在做愛後	__在做愛後
__直接坦率的性愛談話能令我亢奮	__我喜歡微妙隱晦的性愛談話
__我喜歡得到很多愛撫	__我不需要太多愛撫
__我喜歡給予很多愛撫	__我不需要給予很多愛撫
__我喜歡直接刺激	__我喜歡間接刺激
__我喜歡開著燈做愛	__我喜歡關著燈做愛
__我喜歡配偶在做愛時看著我	__我覺得做愛時被配偶看著很不自在
__我喜歡女人用口交刺激男人	__我不喜歡女人用口交刺激男人

__我喜歡男人用口交刺 ___我不喜歡男人用口交
激女人 刺激女人

__我喜歡每次做愛都有 ___我喜歡每次做愛都大
所變化 同小異

__我期待許多興奮與創 ___我喜歡可預測性
意

__我覺得我的性慾和靈 ___我覺得我的性慾與靈
性緊密相連 性關係不是太緊密

方法十：期待變化

變化是持續不斷的。要期待自己在性的領悟和
經驗上不斷長進，並且理解這種追求永不會達到完
美的境界。

基督徒與神之間的關係應該「每天早晨都是
新的」。同樣地，你可以與妻子一同尋求更深刻的
愛、更強烈的激情和更密切的親密關係——因為你
知道你們永遠會在一起學習、改變和發現新奇的事
物。

變化能讓性愛免於淪為例行公事，因為例行公
事會讓熱情窒息，有所變化對於維持婚姻中的激情
來說非常重要。

這是個值得努力的目標。

chapter 11

性愛的輕鬆面

性愛中有這麼多嚴肅的東西。

然而性不全是勞碌，也有很多樂趣。

> 在你一生虛空的年日，就是神賜你在日光之
> 下虛空的年日，當同你所愛的妻，快活度日，因
> 為那是你生前在日光之下勞碌的事上所得的分。
>
> 〜傳道書九章9節

讓我們來看看，享受創造主賜給我們這福分的
幾種好方法。

❊ 得到性愛樂趣的十種方法

方法一：歡笑

上帝創造性愛時很有幽默感。想一想你在性
經驗中做了什麼事。事實上，其中有許多歡娛的成
分，不是嗎？

當性愛太嚴肅時，請把神設計的幽默感帶上
床。只要一點笑聲就能減少婚姻中不開心的部分，

如果你們用笑聲代替發怒的話，不管是手肘抵在肋骨上，還是陰莖在錯誤的時間從陰道裡滑了出來，都會成為有趣的事。

歡笑有醫治效果。笑聲可以緩解壓力，並讓你們兩人更親近。愚蠢的狀況是計畫不來的，你們可以允許愚蠢的可能性，並找到機會讓蠢事自然發生。

我們曾經笑得非常厲害，甚至有好幾次其中一個滾到床下去。在我們結婚初期，曾經有一次，我們的笑聲讓整張床都震動起來，床頭的花瓶掉下來打中喬依絲的頭，讓她頭上腫了一個大包。如果當時她必須送急診，我們真不知道該怎麼向醫師解釋。

提醒你一點：如果笑聲可能傷害對方，就不要笑。只有當雙方都喜歡時，笑聲才是一種樂趣。

方法二：實驗

實驗就是測試一下某件事是如何進行的，或從中發現某種新的成分。

Love Your Wife

你不會有實驗失敗的問題，因為本來就沒有預設答案。

在實驗時，你不會有實驗失敗的問題，因為本來就沒有預設答案。

　　我們與接受性治療的夫妻對談時，他們有時會抱怨我們提供的某種練習「沒有用」，覺得很氣餒。我們的回應是，如果他們嘗試了，就算是有用。因為每項作業都是一項實驗，為了讓每對夫妻找出他們喜歡的方式，沒有失敗的問題，因為本來就沒有預設答案。

　　要嘗試新的性愛互動方式，你可能需要被輕推一下。如果妻子比你更有實驗精神，就讓她來主導。如果你們兩人都不善於作實驗，這裡有一些建議：

- 換人發起主動
- 選擇一個新地點
- 輪流扮演活躍者的角色
- 採用與平時不同的方式開始
- 互相愛撫對方的每個部位（除了胸部和生殖器）
- 用你身體的任何部位（除了雙手以外）取悅你的配偶
- 選擇三種不同質地的織物（絲、羊毛織品等）取悅對方，從背部開始。被取悅的那方猜測使用的是什麼材料，並選擇其中一種織物作全身的愛撫。

- 發出性反應時的呼吸聲及呻吟聲

- 寫情書給對方，描述你選擇的一次性經驗。

- 不要插入，嘗試你們所能想到的各種方式（盡可能越多越好）來擺放身體：妻子在上面、你在上面、坐姿、站姿、在床上、在椅子上、並排躺著、在兩腿之間、用腿環繞對方、在床沿、跪在床的旁邊、一人貼在另人的背後等。這可能比直接的刺激來得無聊，但你們可能會發現一些令你們喜歡的成分。

方法三：驚奇

某些人會因驚奇而興奮，另一些人卻會愣住而不知作何反應。如果你的妻子屬於前者，就可以利用驚喜作為表達體貼的好方法。

如果你的配偶偏愛可預測性，就一起安排你們的驚喜。和她一起計畫會讓她感到驚奇的生日聚會，從她的願望清單中挑選送她的禮物，或是共同決定一個特別的晚上或性愛時間。

如果你的妻子把驚奇視為一種愛的語言，而你也很善於使用，那就放手去做！你可以在行李中放一支羽毛，等你們到達旅館時，用它來取悅你的妻

子；從床罩下取出一個驚喜的禮物；當你知道她有
壓力或很想你時，提早下班，並帶外賣回家；當她
工作很晚才回家時，為她準備泡泡浴，把孩子們安
頓上床，用護膚液為她按摩——但不期望她會有渴
望做愛的反應。

　　大多數女人都偏愛溫柔、愛慕和體貼的驚喜，
而不是會激發太多腎上腺素的那種。所有的驚喜都
必須是無償給予，不要求回報。

　　驚喜包含風險，不是每種都有效，但如果你願
意試一試，就會知道哪種方法會發揮作用。

方法四：震驚

　　震驚是指**大大的**驚奇。

　　當我們在克利夫蘭錄製系列影片「性的神奇與
神祕」時，我們訪問約翰和貝琪夫婦，是什麼原因
讓他們的性生活這麼有活力。貝琪回答：「不時出
現一點震驚。」

　　克利夫問：「喔，妳是說當妳裹著保鮮膜在門
口迎接他的時候嗎？」

　　貝琪大笑著說不，是當約翰裹著保鮮膜在門口
迎接她的時候！約翰主內，而她主外。

一點震驚，一點變化，是力量的泉源，能讓兩
人彼此連結，並大大提升熱情。

方法五：盛情對待

盛情對待是性樂趣的無窮泉源。一個女人受到
盛情對待時能感受到愛情。

這裡有一些我們建議的盛情對待之方式：

- 當她爬上床時，撒一些玫瑰花瓣在床單上

- 在壁爐前築個愛巢

- 花一小時全神貫注在她身上

- 給她一個晚上的休息和閱讀時間，由你照顧
  孩子

- 按摩

- 花些時間完全專注於她的願望

女人因受到盛情對待而點燃的性慾，與男性雜
誌裡的色情圖文所傳達的類型不同。我們建議你在
以下這幾個方面盛情對待你的妻子：購物、配備、
預備、注意力和活動。

購物

不需要花光家裡所有的產業，小小的禮物就能顯出你的周到。禮物可能是你們喜歡一起享用的食物、一張卡片、勾起甜蜜記憶的音樂、她想要的或者是讓她顯得對你更有吸引力的衣服——或者是讓你顯得對她更有吸引力的衣服。

配備

這是傳達愛的訊息的外加事物。想像一下，你們在一間不錯的旅館過夜。結束晚上的活動，回到你們的房間時，看見床調轉了方向，一盒巧克力蛋糕放在你的枕頭上，那是怎樣的感覺？一定會讓你感覺很特別。裝飾也可能是在她走出浴室時點燃蠟燭，或在床頭放一束鮮花。

預備

為兩人的甜蜜時光預備良好的氣氛，也可以表達你的愛意。例如：點燃壁爐、提高或降低房間的溫度、調整燈光、播放音樂、淋浴、刮臉、灑香水、整理臥室的雜物，以及安排晚上的時間，好讓兩人有美好的共享時光。

注意力

注意力可能是最能成功地讓你的妻子覺得受到盛情對待的方式。關掉電視和電腦，按照她喜歡的方式，將注意力全部放在她身上，可以成為本世紀對她最盛情的款待。試試看！

活動

讓某個女人覺得受到盛情對待的活動，可能會令另一個女人毫無感覺；要記住你妻子的喜好。她可能喜歡你與她一起洗泡泡浴或淋浴；她可能偏愛在做愛前外出用餐；她可能喜愛與你共舞；她可能寧願整個晚上都窩在沙發上談天交心。只要確信這些活動對你們兩人來說都是盛情對待即可。

方法六：歡愉

我們的好朋友羅蘭問：「為什麼你們總是提及**歡愉**？」

這是真的──在我們關於婚姻中性愛的訊息中，中心思想就是**歡愉**。它是指不要求興奮、高潮或任何回應行為的肌膚之親，僅僅是為了撫摸和被撫摸。

沒有任何要求的意思就是──沒有任何要求。

你們對撫摸的反應可以是快樂的、溫暖的、舒適的、享受的、興奮的，或是冷漠的。歡愉的感覺本身可以是目的，也可以更進一步引發激情的做愛。

歡愉所花費的時間和身體接觸的程度可以有多種樣貌。即使只有五分鐘也能建立積極的關係，若有更充足的時間就能把焦點擴及全身。

歡愉可以用多種方式來完成。試一下愛撫腳部，或者使用除了手以外的身體任何部位來觸摸，例如你的頭髮、你的鼻子、你的前臂，甚至腳趾都可以派上用場。

也許你們喜歡梳理和撫摸彼此的頭髮。克利夫並不在意愛撫頭髮，但是當他撫摸喬依絲的頭髮時，他知道這樣能使喬依絲放鬆。

擁抱是另一種給予和接受歡愉的方式。躺在彼此的臂彎裡，感受另一半的身體，可以建立帶來發更強烈熱情的親密關係，也可能只是互相抱著，享受此刻的輕鬆愜意。擁抱時可以穿著衣服、穿著睡衣或什麼也不穿。

方法七：挑逗

挑逗可以充滿樂趣的，可以也充滿刺激。說到挑逗和被挑逗，每個配偶都有特別的經歷。雙方都

必須敏銳於另一半的反應，同時也要負責任，讓對方知道你的挑逗極限。

在第三章，我們建議把挑逗性的撫摸作為一種方法，讓你的妻子渴望更進一步，並由她來帶領性行為的步調。

搔癢是另一種挑逗的方式，有些夫妻喜歡。

言語上的挑逗包括對自己或彼此的戲弄與玩笑。不過要很小心，言語上的挑逗非常容易從好玩變為生氣。

若以挑逗作為消極表達憤怒的方式，對做愛毫無益處。所有的挑逗都應該輕鬆、有趣，不帶有對個人的諷刺。

方法八：抵抗

俏皮的抵抗可以非常有趣。

當你覺得自己對她表現得太過急切時，趕快轉變成欲擒故縱的樣子。你們都知道，只要她願意，一秒內就可以抓到你，但你的俏皮抵抗會成為一種強烈的引誘。

嘗試假裝睡覺，宣稱有點頭痛，或者說反正你今晚沒有性趣。當然，你只是在設計她，讓她來追

求你。如果你在性愛中很容易逼得太緊，這種俏皮的抵抗就是很好的方式，可以打破這種習慣。

方法九：創意

以有創意的方法進行性愛，可以點燃興趣、建構性愛的力道，並傳遞愛的訊息。

舉例來說，你可以為性愛時間創造屬於自己的特殊環境。有一對夫妻將夏天時用來將蔬菜裝罐的活動房屋，改裝成不會被孩子打擾的休憩所；另一對夫妻在縫紉房裡築起愛巢；還有一個男人邀請妻子去自己的辦公室，在那裡準備了浪漫的晚餐。

你可能有一輛休旅車或露營用汽車，可以用來讓你們親熱——或是一間客房，一床在地上的蓋被，或者另外的私人空間。

創意並不需要大量的金錢或時間。我們結婚那年的夏天，在加拿大中部的一間小教會當實習牧師。我們的家只有一張小床、一張桌子和兩把椅子。我們要到街上取水，使用外面的公共廁所。

但我們仍然找到方法，把苛刻的環境轉變為樂趣。我們發現只要使用得當，吱吱嘎嘎的金屬彈簧床可以增添樂趣！雖然沒有錢，也確定將來的情況不會好轉多少，但我們共度了令人興奮的時光。

方法十：遊戲

性愛中的遊戲是最好玩的一部分。

玩「扮家家酒」、扮演醫生，以及「如果你給我看你的，我就給你看我的」這類遊戲。可以玩「看手勢猜字謎」、表演所羅門的《雅歌》——選擇你們自己的遊戲方式。

只要不是彼此欺騙，假裝也是一個遊戲的好方法。當你們假裝某個角色時，笑聲會充滿你們的性愛時光。

當你開始認真面對，性愛就能成為共享的歡娛時光。不管你們的遊戲是經過仔細計畫或者自然發生，你都可以透過許多樂趣，學習享有上帝賜給你的妻子。

chapter 12

性愛與感覺

你知道人有五種感覺——視覺、嗅覺、觸覺、味覺和聽覺，我們要再加上第六種——你的同理心。

這些感覺都會影響你和妻子的性生活，它們是通往性的門戶。你可以使用一道或許多道門進入性體驗，與配偶完全合為一體。

你是否有好好運用所有的感覺，向更熱情、更親密和更強烈的性生活邁進呢？本章可以幫助你達成這個目標。

✺ 運用你所有的感覺

視覺

男人是視覺的動物。你知道什麼樣的畫面會引發你的性慾，也知道需要避開什麼。

你可以把視覺反應的特點應用在妻子身上，建立你們的性關係，也可以把它關閉。假設你看見妻子脫衣服或穿著性感時就會興奮起來。如果你對她

的反應會使你立刻採取行動，她可能會學著穿得慎重，也不在你面前換衣服。她的謹慎會降低她的性慾和你的樂趣。

另一方面，如果你的反應是用在讚美和欣賞來表示對她的尊重、而不是採取行動，她可能會邀請你進入她的性慾世界，享受更大的性樂趣。

女人對所見事物的反應通常和男人不一樣。是的，你好好打理自己，讓自己看起來有魅力是很重要，但那只是讓她尊重你的一扇門，之後或許會引發「性趣」。視覺對親密關係而言是必要的，但可能不是直接挑起性慾的方式。

如果你走進房間時看見妻子躺在床上，姿態撩人，穿著性感，你可能很希望立刻就能得到她的身體。但如果是你躺在床上，勃起陰莖等著她，她就可能覺得被強求而迴避。但是許多男人以為，處於性興奮狀態的男人對女人是一種吸引；其實，當女人感興趣或性興奮時，她會喜歡男人的性感，但對大多數女人而言，男人的性興奮並不是刺激的起點。

男人和女人往往把勃起視為需要射精；在這種情況下，對女人來說，勃起變成負面的視覺刺激。事實上，在你出生後幾分鐘就會出現勃起現象，而當你睡覺時，每隔八十到九十分鐘也會有一次勃

起，這是生命起伏的一部分。如果你們兩人都能認識到這是一種自然而然、短暫的反應，不需要射精或性交，你的妻子就比較能把你的勃起當作是親切的表示。

你們兩人都可以透過學習使用視覺之門來提升性體驗。在做愛前和做愛中睜開眼睛，能夠建立親密感並增強刺激。如果你們兩人都習慣閉著眼睛，就嘗試偶爾睜開一下吧！視覺絕對能夠成為性生活中另一個非常有趣的要素。

嗅覺

戀人之間的吸引，可能主要是建立在嗅覺基礎上。也許你曾經閱讀過關於費洛蒙的研究，證明動物在交配時節會發出吸引異性的氣味。目前的研究懷疑，人類會對特定的異性發出吸引的氣味。你和妻子就可能發出互相邀請或拒絕的氣味。

潤膚乳液、香水和鬍後水都能加強性魅力，至少在美國文化中是如此。由於香水在不同人的皮膚上有不同反應，你們可以一起去商場挑選，試一下彼此最喜歡把哪種香水用在對方身上，這可能會很有趣。

性興奮時身體發出的自然氣味、汗味和性的分

泌物也都有吸引力，而其令人亢奮的能力大小會因文化與時間而改變。在過去，不洗澡所發出類似麝香的氣味被認為是對男人的性愛邀請；拿破崙寫信給他的妻子，叫她不要洗澡，因為他正在回家的路上。但你寫的信可能正好相反。

氣味是極其敏感、隱私的層面。呼吸、身體、頭髮、生殖器和腳的氣味都能把配偶趕跑。為了尊重妻子，請小心照料你的身體，尊重她對清潔愉悅氣味的需要；如果她的氣味讓你不適，請溫柔地告訴她。不在臥室說這些話是較明智的做法。

如果你沒有清理好自己的身體，就不要期望妻子會對你有反應。一般來說，她是你身上有沒有氣味的最佳裁判。她對你的愛還不足以掩蓋糟糕的氣味。

觸覺

在性愛過程中，觸覺是主要的感官。在你身體的每一平方公分面積上，有數千個感應器可以接收觸摸的資訊並傳送到大腦。

當女人受到輕盈如蝴蝶般的觸摸、如溫柔耳語般的觸摸、搔癢，或溫暖而堅實的觸摸，就會感覺自己被愛。當男人摸到女人身體上的某些曲線時，

就會感到快樂；她的腰肢、小腿、皮膚的絲質感、胸部的輪廓——這些都提供享受的快感。

男人對妻子身體的欣賞可以是一個美好的經驗，也可能是一種壓力。當男人在女人的身體主張權利，不讓她決定想要怎樣被撫摸時，就會爆發衝突。

下次你與妻子在一起時，讓她引導你的撫摸。如果她不願意或無法做這件事，就把你的撫摸至少放輕一半。除非她表示歡迎，否則不要增加強度。

保持一般性的撫摸，直到她希望更特定一點。我們幾乎可以保證，在一到兩周內，你的妻子就會注意到並會強化你撫摸的新方式。

味覺

性愛的味覺大多很微妙。

互相餵食或一起吃飯能為性生活增添知覺的享受。但是大部分性的味覺是在嘴唇和舌頭親吻彼此的身體和嘴時感受到的。

美妙的親吻是你最常體驗的滋味。接吻是性愛中最隱私、最親密的部分——甚至可能比生殖器的結合更私密。當你充滿激情地親吻妻子時，你便將自己給了她。

親吻和品嚐彼此的身體是另一種將自己向對方敞開的方式。這些味道是獨一無二的，代表了你們的特殊關係，很可能也是吸引你們在一起的原因之一。

所羅門《雅歌》中的某些篇章，可以視為新郎和新娘互相品味對方的美麗、象徵性描述：「願我的良人進入自己園裡，吃他佳美的果子。」（雅歌四章16節）所羅門王說：「我進了我的園中……吃了我的蜜房和蜂蜜。」（雅歌五章1節）

《雅歌》中的戀人可能把生殖器比喻成有香味的花園。許多世代以來，用嘴去品味配偶的生殖器一直是個爭議話題，關於這點，一定要對妻子的感覺保持敏感。

你們兩人都會敏銳地察覺對方品嚐起來的味道，也會受到影響。為了對方的緣故，要保持自己清潔，並尊重彼此的界線。

聽覺

你的耳朵能大大提高性生活品質。在性愛中，耳朵會接收愛的話語、因應的聲音，甚至是背景音樂或其他你選擇的聲音。

你們在做愛前所說的話，是表達互相愛慕、喜

悅和欣賞的話語嗎？我們希望是的；另一方面，批判和評論言語則會分散注意力並彼此傷害。在性的親密關係中該說什麼話，必須很仔細地選擇。

身體的翻動聲和講話喘息聲，傳達出你在此時多麼興奮，體驗多麼強烈。不由自主的表達能帶來更大的亢奮。

如果你是個沉默的愛人，要特別留心，因為性回應中的喘息、呻吟、歎息、咕嚕和深深的呼吸聲，在配偶耳中聽來，可能都如同美妙的音樂，會帶來極大的喜樂。如果你從來沒有學會讓你的性反應激烈釋放，就練習一下性經驗中的呼吸聲和其他聲音。

增加背景音樂會帶來不同的感受。你可能喜歡音樂，或是海濤聲或雨聲的CD。愉快地聆聽各種可能的選擇，找出兩人都喜歡在性愛時間播放的音樂。背景音樂可以掩蓋其他人的嘈雜聲，也讓其他人聽不到你們發出的聲音。

同理心

同理心是與另一個人的感覺、思想和欲望連結的能力，在本書中，指的是與你承諾要愛她一生一世的妻子連結的能力。有一本字典這樣解釋：「同

理心比浪漫的愛情更加持久，更有價值。」[1]

為什麼我們要加上同理心作為第六種感覺呢？因為對真正的性結合而言，同理心太重要了。

當你注意自己的其他感覺時，也需要尊重並回應妻子發出的訊息，以及你感覺到在她身上發生的事。聆聽她的話，讓她為自己追尋樂趣。當她負起責任去了解自己並與你分享她自己時，你必須和她的思想和感覺連結。

同理心不是猜測妻子想要什麼，或嘗試掌管她的欲望；同理心是關注她向你發出的訊號。

同理心會把你和妻子帶進「成為一體」這樣強大而奧祕的結合中。包含了同理心的兩性連結，是真正在靈性、心志和身體上都成為一體。這種融合讓婚姻中的性愛非常激情、強烈、屬靈並勢不可擋，當這種結合發生時，它超越了我們受世俗束縛的生命。

❀ 也要使用大腦

Love Your Wife

當你使用你的感官時，也要使用大腦。

重要觀念：幻想的能力是上帝賜予的，而幻想的內容卻是人的責任。

大腦透過它分泌的化學物質和它控制的神經系統與肌肉，管理性慾的功能。大腦也收藏所有的心理圖像。

在大腦中創造畫面的能力被稱為「想像」。這是你按照神的形象被創造的一部分，你能夠思考、感覺和投射。

包括性畫面在內的圖像會掠過你的大腦，即使你並未選擇它們。這些一掠而過的畫面會受到你存放在大腦裡的內容所影響──你在電視電影上看到的，在書上讀到的，在歌中聽到的，或你經歷過的。你甚至會發現自己所想的某些畫面，似乎在你最近的生活中，或更遙遠的記憶裡都找不到根源。

你要對自己選擇放進大腦內的東西負責，也要對如何處理那些不自覺進入大腦的畫面負責。你能選擇建構積極的圖像，也能拒絕消極的內容。

就如同使徒保羅所寫：

> 弟兄們，我還有未盡的話：凡是真實的、可敬的、公義的、清潔的、可愛的、有美名的，若有什麼德行，若有什麼稱讚，這些事你們都要思念。
>
> ～腓立比書四章8節

你的責任是把那些能尊重你的婚姻、榮耀你與上帝關係的畫面放進大腦中。

幻想的能力是上帝賜予的,而幻想的內容卻是人的責任。

上帝把你設計為有性反應的人,這種反應是不能選擇的;但是上帝要求你選擇自己理智和行動所追求的目標。

性的親密關係和滿足感是為婚姻所設計的。任何扭曲這種結合或使人將注意力轉離它的事物,都會把幻想變成情慾,把情慾變成姦淫(馬太福音五章28節)。為了這個原因,請用妻子的臉取代任何進入你大腦的不恰當畫面;隨時將你的思想轉向家庭!

當你和妻子利用幻想來創造令雙方愉悅和享受的夢想時,幻想就能夠建立你的婚姻關係。舉例來說,你不一定要在海灘擁有一座房子,才能在那裡度過浪漫假期,因為你的大腦就能想像出那個環境,享受那種幸福感。

約瑟夫‧狄羅(Joseph Dillow)在《所羅門論性愛》(Solomon on Sex)書中寫道:「我想,現在是我們基督徒弟兄用神聖的想像來環繞家庭的時候了。」[2]使用你的大腦和感官,成為有創意、善於表達、富有詩意、有吸引力和魅力的人,並與妻子發展親密關係。

chapter 13

色情圖文與網際網路

想擁有真正美好的性生活嗎？想實現聖經的呼召，尊榮你的妻子嗎？想以敬虔的方式養育孩子嗎？千萬要遠離色情圖文！

❋ 小小的網站為何如此糟糕？

目前，讓色情圖文進入家門的主要管道是網際網路。這股讓人上癮的強大力量，正以超乎大多數人想像的破壞力入侵婚姻和家庭，可能也包括你的。

網路色情的興起

二十五年前，取得色情書刊或色情服務是一件很困難的事。一個男人必須走到偏遠的城市角落，將車遠遠地停在另一邊，將帽子拉下蓋住眼睛，豎起衣領，鬼鬼祟祟地察看四周，然後作賊似地溜進成人書店或按摩店。

後來，在可以租到色情影帶的時候，偷偷摸摸的情形就開始轉變了。不過，取得錄影帶的過程仍然有尷尬和被發現的風險。

隨著有線電視普及，這種風險也降低了，色情堂而皇之地進入家門。但仍然有限制，因為需要申辦，可能會被他人發現；瀏覽不同頻道的訪客可能會注意到；而且電視通常擺在客廳中間，很難不被別人看到。

接著就出現了網際網路——帶來最多的選擇和最大的隱密性。

我們上次查到的資料，在性的條目下就有一億三千七百萬個網站。（沒錯，是上億！）當然，其中有一些是健康的，提供醫學或心理學資訊，包括我們自己的網站——www.passionatecommitment.com，但大多數是色情網站。

如果以每天瀏覽一百個網站的速度來計算，你需要數千年才能全部看完，這還不包括那些每天增加的新網站。我們寫作本書時，網站正以每個月一百萬個的速度增加。

當你讀到這本書時，誰知道已經有多少網站呢？唯一可以確定的是，網站上會繼續提供無數的性愛內容，絕大多數是垃圾，並且誘人沉溺上癮。

取得網路色情的簡單方便，真的很讓人吃驚。在自己家裡、在辦公室的電腦都可以上網，你可以完全隱密地瀏覽網路。網站不會過濾你的年齡，一天二十四小時都可以瀏覽，而且有數以千計的網路

是免費的。你可以一次瀏覽五分鐘、五小時或五天。隨時會有新鮮的材料，提供各種可能的性類型和性偏差。

反正又沒有人受傷害，對嗎？

你錯了！

對婚姻的影響

有些男人認為偶爾看一下色情圖文是無害的，但那會損害你與妻子的關係，也會損害你與上帝的關係。

即使是隨興地觀看色情圖文都能改變男人對女人的想法和感覺，以及他對待女人的方式，這被稱為「插頁症候群」（centerfold syndrome）。

> 觀看色情圖文能改變男人對女人的想法和感覺，以及他對待她的方式。

在這些理想化的圖片中，身材標準的模特兒擺出各種最誘人的姿態，你一旦看了就會改變你看待妻子的眼光。她無法與這些圖片競爭，在你眼中，妻子似乎比較不具吸引力。

強迫你的妻子與幻想中的女人競爭是錯誤的，這只能讓她顯得不夠好。

　　色情圖文也貶低女人，只把她們當作滿足男人幻想的物件。色情圖文也排除了親密關係的任何可能性。一個人怎麼能與電腦上的一系列螢幕像素有親密關係呢？

　　男人和女人之所以被創造，是為了分享彼此最深層的關係，而不是成為滿足另一個人性慾的機制。當你進入色情圖文世界時，也就選擇了退出親密關係。你與妻子的關係、與所有女人的關係都會脫軌。

對孩子的影響

　　如果孩子們發現他們的父親在瀏覽色情網站，會發生什麼事？

　　一個尊敬父親的男孩，得到的資訊可能是色情圖文是被允許的；如果是女兒，則可能會讓她產生迷惑。當女孩進入青春期，擁有性別意識後，她需要看見父親珍惜母親。一旦發現父親在觀看女人性特徵的污穢畫面時，可能會讓她對男人冷嘲熱諷，或者對自己的性特徵感覺骯髒和迷惑。

　　一些男人可能以為，他們有把握不讓家庭成員知道自己的上網情況。但大多數的網路瀏覽器都包括「歷史記錄」的功能，能列出你最近瀏覽過的網

站。很多配偶和大多數青少年都知道這個功能，可以查看你的蹤跡。是的，你可以刪除瀏覽記錄，但這個行為本身就啟人疑竇。

你有問題嗎？

大多數性成癮發生在早年，通常是在八到十五歲之間。但網路色情的情形並非如此，我們發現很多從來沒有性成癮問題的人，卻在三十、四十甚至五十多歲時，沉溺於網路色情。各種不同教育程度和社會經濟背景的男人——也有一些女人——都是潛在的上癮者。

如果你對於下面列出的任何一項行為有所掙扎，就表示你有問題了。你是否：

- 在網路上瀏覽色情網站？

- 會進入以性為主題的聊天室？

- 對家人、朋友和同事隱瞞這些拜訪過的網站？

- 會用手淫來回應網路的內容？

- 發現你的瀏覽行為影響了婚姻關係、性生活、工作力、睡眠模式、對自己的感覺，或者與上帝的關係？

- 以網路瀏覽作為你的生活中心？

- ⌕ 為了掩飾你的網路活動而說越來越多的謊？

- ⌕ 需要更加刺激的題材才能感到興奮？

- ⌕ 從性網站下載資料？

- ⌕ 為方便瀏覽，將性網站加入「我的最愛」中？

- ⌕ 付費加入某些網站，並隱瞞這些費用？

- ⌕ 定期刪除「瀏覽記錄」？

- ⌕ 為搜尋「完美的」圖片而忘了時間？

- ⌕ 冒險與在聊天室認識的人見面？

很可能你深深知道，網路對你而言究竟是不是問題。這種掙扎不會自己消失，它不會因為意志力、或瀏覽之後感覺很糟、或承認錯誤、或向上帝保證你永不再做、或咬牙切齒忍耐幾天或一周，就從此消失蒸發。你需要幫助！

性成癮是什麼？

對網路色情上癮是性成癮的一種。簡單地說，如果你無法控制某種性行為，就是在性成癮中掙扎。

Love Your Wife

性成癮者無法滿足於與配偶的親密性關係。

　　性成癮感覺上是被一種慾望控制著，如同暴食者被紊亂的進食慾控制，酗酒者被想喝酒的慾望控制一樣。如果性成癮者已婚，他的幻想就會擾亂婚姻，與配偶的親密性關係無法滿足他。

　　當性衝動來臨時，上癮者就變得很焦慮，他會被慾望所俘，但之後又感到內疚和羞恥。這種隱密的慾望不斷增長，成為他生活中主要的焦點，成為他逃避不想面對的現實之方法。

　　性成癮讓腎上腺素升高，強化上癮的行為。這就好像依賴古柯鹼和大麻一樣。上癮者覺得他不再能選擇自己的行為，而是被迫投入這種行為，即使稍後他會痛恨自己。

　　不是每種錯誤的性行為都是一種癮症。舉例來說，有些男人偶爾看看色情刊物或去上空酒吧，但並沒有沉溺於這些活動。我們不是意味這些行為就可以被允許，或在道德上可以接受——絕非如此！但性成癮具有著迷和強迫症的性質，驅使人近似違反其意志來做出那些行為。

　　性成癮可能是基本的情緒方面和關係方面的需求未獲得滿足的徵兆。上癮者可能是有很想從真實自我「出界」或「分裂」的人格傾向，想以一種與平常的性格和信念不同的方式表現自己。

　　派崔克‧卡恩斯博士是性成癮研究和治療方

面的先驅。在他的暢銷書《走出陰影：了解性癮》中，他首先把這個題目公諸於眾。他還寫了《性厭惡：克服性的自我憎恨》（*Sexual Anorexia: Overcoming Sexual Self-Hatred*）和《網路陰影：從強制的網路性行為中得自由》（*In the Shadow of the Net: Breaking Free of Compulsive Online Sexual Behavior*）。

我們相信派崔克‧卡恩斯的描述，因為與我們診所的經驗相當吻合。我們也接受他的治療方法，因為那是我們發現唯一有效的方式。事實上，這一章呈現的每個觀點都受惠於他。

上癮的模式

性成癮者從他與妻子、家人、同事和朋友的正常關係中退卻，進入自己的世界。在那個世界裡，他過著一種祕密的生活。孤獨感滋長，驅使他在自己的隱密領域裡走得更遠。

上癮者的孤獨增強了他對自己的感覺——他是個沒人愛、不受歡迎的人。為此他更加確信，只有他能滿足自己最深處的需要。性，看起來就是最深的需要和承諾，可以填滿他的空虛。

由於人際關係經常帶來痛苦，上癮者會避免與人親近。事實上，性成癮者幾乎總是逃避親密關

係。網路和雜誌都不會要求建立任何關係，那些圖片會完全合作，上癮者從不需要付出自己。

這種自我中心被合理化了：
「這是我配得的。」
「我很努力工作。」
「我的性需求沒有被滿足。」
「這不會傷害任何人。」

如果你用這些「解釋」為你的性行為找藉口，就表明你正在一種癮症中掙扎，不管你自己是否察覺。

如何解決問題

如果你發現自己沉迷於網路色情（或其他任何性習慣），並且將那種衝動付諸行動的次數越來越頻繁，你就有足夠的理由擔憂了。或許你已經嘗試要控制這種壞習慣，但卻總是發現自己在退步，甚至比以前更無法自拔。我們提出五個步驟供你採用：

步驟一：從心開始

如果你已沉迷上癮，就要認識到癮症不會自己離開。只有靠著上帝的力量和上帝子民的幫助，賦

予你能力你擊碎上癮的鎖鍊。直到你承認自己無能為力，並決定把生活、意志和行為都交託給上帝之前，什麼也不會改變。

記得浪子的比喻嗎？當他嘗試過各種事情後，發現自己淪落到豬舍裡。《聖經》路加福音十五章17-18節很清楚地寫道：「他醒悟過來，就說……我要起來，到我父親那裡去……。」

當你「醒悟過來」而悔改時，才是真正改變的轉捩點。你面對鏡中的自己，接受無能為力的現實，認清自己已經走到盡頭，並將生命交託在上帝手中。

如果你（或妳）已經被妻子、丈夫、老闆或孩子「揭發」了，而且只承認他們知道的事情，你就沒有真正地悔改。這是在上帝和那些被你辜負的人面前，作一次完全的道德清算和認罪的時機。第一步就是心的改變。

步驟二：改變生活模式

一個想戒酒的人要想停止飲酒，必須做到廚房裡不放任何一瓶酒。這樣做不能控制上癮，卻是必要的步驟。必須停止與酒肉朋友去泡酒吧的習慣。

你需要改變什麼？這取決於你有什麼癮症。如

果你總是在某家商店買色情刊物，你可再也不去那家店；如果按摩店或脫衣舞夜總會在你平常回家的路上，就選擇不同的路線；如果你在出差時「有所行動」，可以只住在沒有「成人」影片的旅館裡。如果那不可行，就讓旅館服務臺為你關閉這項服務——就像酒鬼拒絕拿冰箱酒櫃的鑰匙一樣。

如果網路是你面對的掙扎，採取以下步驟：

- 不管在家或在辦公室，總是將電腦螢幕對著大門——讓任何經過或進門的人都能看見螢幕的畫面。

- 在家裡，把電腦放在位處中心、有較多人走動的房間。

- 裝一個可以阻攔色情網站的篩檢程式。

- 把所有的密碼都告訴妻子。

- 讓配偶隨時檢查你的網路瀏覽記錄。

- 需你獨自在家或獨自醒著時，不要用電腦。

- 與配偶同時上床睡覺。

- 確認並避免與瀏覽色情網站有關聯的生活模式。例如，如果你容易在妻子去參加每週聚會時上網，就與其他人一起度過那段時間。

- 停止以手淫來回應網路內容。

- 在家裡、在工作中或任何掙扎的地方，選擇一個你要向他負責回報的人，定時與他一同檢視自己的行為。

- 認真考慮停止使用網路，改用只提供電子郵件的系統。

步驟三：關注內在的你

當你開始悔改並改變方向，就開始了漫長的牽引過程。

這是一場戰爭，你必須從空中、海裡、地面上和外太空全面發動攻擊。

在真正的生活中，這意味著什麼？

和別人一起「實施步驟」。一個問責團體能夠陪伴你完成十二步驟的戒癮療程。讓自己全力投入這個療程。

不要擔心自己被貼上某種團體的標籤。你必須做的是定期地面對你的無力、對上帝的倚靠和敗壞的道德品質。

Love Your Wife

要心甘情願地改過自新，甚至有可能是你這輩子第一次過著誠實敞開的生活。

你要心甘情願地改過自新──而且可能是你人

生第一次過著誠實、敞開的生活。像這樣完全地加入團體是關鍵；我們很少看見做不到這點的人可以維持長久的改變！

學習用新的方式去思考你的性慾。閱讀派崔克・卡恩斯博士的書，特別是《走出陰影：了解性癮》和《網路陰影：從強制的網路性行為中得自由》，還有馬克・蘭瑟的《信實與忠誠》。馬克是一位從性成癮中掙扎出來的朋友，是卡恩斯的專業團隊成員，在神學和心理學方面都有洞見。他的三部曲系列錄影帶非常實用，為重建婚姻的盼望提供了有力的信息。

還有其他資料，例如書籍、錄影帶、影片和節目課程等，也都有很大的幫助。不要試圖單靠自己的力量，那很少有效。

為了醫治你的情緒，你可能需要接受治療。一位關心你、有洞察力、有聖經引導的輔導者能夠幫助你走出過去的傷害，擺脫造成成癮部分原因的低劣自我觀感。一位了解並經常與性癮者相處的治療師能為你提供最好的幫助。

步驟四：關注你的關係

你的關係也需要改變，特別是與上帝和配偶的關係。

不當性行為扭曲了你與上帝的關係。你可能正在經歷重覆的循環：行動、絕望、痛苦的懺悔、誠懇的承諾和熱切的委身——結果只發現自己再度做出上癮的行為。

你可能已經把自己的行為合理化，否認它有任何不利的影響。但在這同時，你其實知道自己在違背上帝，在損害自己和婚姻。

參加小組或課程，在那裡你能夠與其他人一同在靈性上長進。重新認真操練研讀《聖經》、禱告、敬拜和服事。對你的醫治過程來說，上帝的靈在你生命中的工作是最根本的。

與配偶發展親密關係的能力也很重要，需要努力。這不僅包括性的親密，其中最首先和最重要的，是情緒和靈性上的親密關係。由於你一生都在避免親密關係，這可能是醫治過程中最艱難的部分。

一開始必須刻意地安排談話、閱讀、禱告、連結——記住，這一切都不會自然發生。把焦點放在你與配偶情緒和靈性上的親密關係後，就可以開始建立性的親密感。這有助於填補你嘗試用上癮行為來滿足的空虛。

當某位先生來找我們，準備戒除他的性成癮時，在控制被建立後不久，我們就會把他的妻子引

進療程之中。我們帶領這對夫妻完成我們的書《重建歡樂》所寫的性愛再教育過程，集中在觸摸、談話和教導的練習，以建立性的親密感。你可能也需要一位諮商師來輔導你做同樣的事。

步驟五：對他人負責

記住，你不能單獨完成這件事！你需要對某人說明，讓他幫助你承擔責任。

在十二個步驟的戒癮療程中，這個人被稱為保證人。名稱並不重要，重要的是你有這樣一個可以完全坦率誠實去面對的人。在這個人面前無須隱藏任何祕密。如果你想被醫治，就需要徹底地敞開。這表示你完全信任這個人的判斷力，也相信他會為你保守祕密；同時你也相信你的利益是他最關心的事。

醫治的盼望

所以，你要如何控制網路色情的上癮，或其他任何的性成癮呢？

- 誠實面對你自己和你的無力。

- 當你降服在上帝腳前時，你的心意改變，悔改並準備接受祂的醫治。

～ 設立外在的控制，幫助你改變自己的行為。

～ 追求內在的改變，引導你成為上帝創造之初真正的你。

即使只是偶爾瀏覽網路色情，都將損害你與妻子的關係，使你們無法得到內心渴望的美好性生活。與你的家庭立下約定，保證不再造訪這些網站。如果你不能遵守諾言，就將它視為你需要幫助的指標，並且尋求幫助。

chapter 14

給妻子的話

如果妳是正在悄悄閱讀這本書的妻子，我們假設妳已經閱讀了前面的章節。事實上，我們鼓勵妳這樣做，不過，前面那些內容是寫給妳丈夫看的。

如果你是丈夫，你要知道接下來這章是寫給你妻子的，但我們也鼓勵你閱讀。

不過有些基本原則需要你們兩人共同遵守，那就是──誰也不能對另一方的所作所為發出評論和抱怨。為了讓你們的性生活更美滿，兩人都要採取認真負責的態度和方法。

從現在開始，我們將你的妻子稱為「妳」，而男人們，只管繼續往下讀吧！

❀ 享受過程

如同男人重視結果一樣，女人重視過程。當女人與目標導向的男人進入性生活時，一開始可能有美好的性愛，但愛的火花會很快熄滅。

　　妳的母親和朋友可能已告訴妳，性主要是為了讓男人享受，但她們錯了！如果妳不覺得性是為了讓妳自己享受，那麼妳的目標與他的目標就很類似。

　　妳也可能相信其他迷思：

- ᔕ 在他感興趣的任何時候，妳都應該有興趣。

- ᔕ 當他觸摸妳的性感部位時，妳就應該感到興奮。

- ᔕ 妳必須專注於取悅他，放棄自己享受的可能性。

- ᔕ 妳必須有一次或很多次高潮。

　　妳可能已對性失去了興趣，因為妳覺得自己是個失敗者。妳沒有完成妳認為重要的目標，沒能滿足他，沒法讓他有幸福的性生活。

　　不管妳對自己或對他施加什麼要求，目標導向的性愛對妳比對他來說

Love Your Wife

目標導向的性愛對妳比對他來說更不見成效。

更不見成效。性愛是雙方享受愉悅的過程，而不是妳取悅他或他取悅妳。從根本上來說，當妳快樂時，妳丈夫就會快樂；而當妳回應自己享受快感的自然本能時，妳就會快樂。

要聚焦在性的愉悅而非刺激。如果有刺激，就當它是副產品吧；如果沒有，你們已經擁有一段美好的時光，有溫暖的交流，那是最重要的部分。

如果一位管樂家竭力想吹奏出極高或極低的音符，往往不會成功，因為他太努力嘗試了。如果他讓音樂從自己內心深處流瀉出來，就能自在揮灑，讓美麗的旋律引人共鳴。在性愛中也一樣，當妳能夠放輕鬆去體會性的愉悅時，就能享受到最大的激動、興奮和狂喜。

聆聽妳的身體

美好的性不會自然發生，但透過聆聽身體的反應，便可以促使其發生。妳的身體需要什麼、想要什麼，妳才是權威。社會不是妳的權威，雜誌或書籍也不是。醫生可以提供幫助，但他們不知道妳的身體正在向妳傾訴什麼。即便是妳最親密的丈夫，也無法得知妳的需要。

妳可以與丈夫一起發現妳喜歡什麼，並與他交流妳的感受。不要期望他知道妳喜歡被撫

Love Your Wife

妳可以透過聆聽妳的身體，使美好的性愛發生；妳的身體需要什麼、想要什麼，妳才是權威。

摸的時間長短、強度、什麼部位和什麼順序。妳要先負責任了解自己的感受，然後告訴他喜歡怎樣做愛。

妳要如何學習聆聽妳的身體呢？妳要開始注意它所發出的訊息，尊重這些信號，並且認真對待它們。妳可能已經注意到自己的慾望是渴望親密和觸摸的衝動；妳也可能覺得急躁就是妳需要釋放的徵兆。妳也可能察覺生殖器的感覺。

在性愛過程中也要聆聽妳的身體。妳喜歡如何開始？妳喜歡深刻、熱情的親吻，或者是等妳亢奮之後再親吻比較好？在開始的時候妳喜歡取悅他或他取悅妳，還是兩人同時享受彼此的身體？胸部的刺激感覺如何？如果妳不喜歡他扭轉你的乳頭，像扭轉收音機的調頻鈕一樣，妳是很正常的。告訴他妳喜歡的觸摸方式。

妳可能必須教導丈夫如何撫摸妳的生殖器，引導他，甚至在每次做愛時都要如此。妳也許需要或不需要進入、抽動或高潮。總之，妳要讓他知道。

對於如何結束你們的性愛時間，也應該交流。做愛後，也許妳喜歡兩個人仍然黏在一起，互相擁抱、愛撫並談話。或者妳希望分別去清潔，再進入夢鄉。表達妳的願望，也尊重他的想法，商議出讓雙方都滿意的方式。

一個提醒

注意身體的訊息並不等同於監看。就如同我們在第五章所描述的，監看妳的表現如何將會影響身體的體驗。當你們忘我地享受彼此，並滿足身體內部的渴望，而不是留意妳的身體或妳丈夫的回應時，性愛才是最美好的。

曾有一個女人問我們，是什麼原因妨礙了她的性興奮和釋放。我們要她明確地描述她和丈夫所做的事，以

> Love Your Wife
>
> **要消除監看的影響，需要徹底成為積極的參與者。妳不能在同一時間既監看又參與。**

及她自己的感受。她對我們講述上次做愛的情形，結果多是聽到她在評價身體的反應，而不是描述感覺。例如她說：「當他撫摸我的全身時，我就會濕潤；但他撫摸陰蒂時，我卻沒反應。當我要他進入陰道時，我確實感覺興奮，所以我告訴他我的感覺，然後一切都停止了。」由於監看，她阻止了身體的自然反應。

另一個女人則告訴我們她丈夫的熱情或厭倦程度。她觀察他的眼睛是睜開還是閉著的，他看起來是否夠興奮，他是否喜歡她的反應。她透過丈夫間接地評價自己，也減少自己的回應。

監看會產生自我意識，影響愉悅感。要消除監看的影響，必須成為積極的參與者。妳不能同時既監看又參與。

✳ 學習去引導

學習用妳的性慾去引導，而不是用妳的要求或控制欲。

引導的想法可能會讓妳害怕，特別是如果妳相信丈夫應該是個性專家，應該知道如何取悅妳的時候。但是，假如妳不知道怎麼引導他，他可能更不知道怎麼跟隨妳的引導。對你們兩人來說，這是絕佳的機會，你們能夠一起學習和發現！

以下有五個學習「如何引導」的重點。

重點一：了解妳的身體

為了認識性方面的自我，妳可能需要作生殖器官的自我檢查，讀相關書籍、看影片或參加研討會。有很多發現可以由你和丈夫來發掘。

看看妳和我們在這本書中所說的女人普遍特徵有多少相似處，而妳又有怎樣的不同。妳必須釐清自己的獨特之處。

發現妳的荷爾蒙週期如何影響妳的情緒和性慾，這可能需要每月的詳細記錄來檢視妳的狀況。例如，妳的性慾是否在排卵期最強？在月經週期之前或剛結束時？如果服用避孕藥是否有所不同？

重點二：了解妳的條件

對於性愛，女人通常比男人需要更多條件。了解並傳達妳的條件，可以讓性愛變得更美好。

不管妳的條件是小或大，都需要被尊重。例如妳可能已經發現，對妳而言，進入性愛的最好方式，是先有一段時間的談話、擁抱和親吻，這並不稀奇。如果彼此連結的時間能讓妳自然地進入性狀態，就聆聽那種需要，盡到責任促使這些事情發生。

如果被抓捏會破壞妳的興致，就不要讓它發生，引導他作別的選擇。

或許妳需要他在做愛之前先刮鬍子，或者鎖上臥室的門，也或者妳需要他認真地對待妳過去曾被性侵犯的遭遇、或成長於酗酒家庭的背景。

Love Your Wife

如果妳願意說明妳的條件，同時也願意為此負責，他更有可能尊重這些條件，你們兩人也會因此更加親近。

如果妳願意說明妳的條件，同時也願意為此負責，他更有可能尊重這些條件，你們兩人也會因此更加親近。

重點三：了解妳的性觸發器

性觸發器是指能夠觸動妳性能量的行為或環境。對某些女人來說，某種音樂、對身體的嬌寵，甚至是在高溫乾燥的氣候裡度假，都是觸發性慾的觸發點。

妳心裡應該知道什麼能「讓你上緊發條」。可能是丈夫的讚美、你們的談話、從辦公室打來表示關心的一通電話、幫忙做家務，一張愛的便條、鮮花、沒有性要求的撫摸、輕柔的親吻、對妳性感的肯定、或是他為妳寬衣。將這些想法與他分享。

今天能觸發妳性能量的觸發點，也許到明天又不同了。要保持足夠的自信，向他解釋什麼能讓妳進入狀況。

重點四：了解妳的丈夫

一個女人說：「如果主要的性器官是腦部，那麼我丈夫應該永遠不會對性有問題，因為他腦袋裡只想著性。」

一些男人透過性來體驗愛。他們頻繁地追求性，遠超過生理的需要。他們可能會計算平均值，認為如果平均求愛八次可以得到一次滿足，他們就會繼續要求，期望能夠得到八次裡的那一次。

如果這種描述正好符合妳丈夫的情況，他也許是擔心，如果由妳主動發起性行為，他會得不到愛。你們可能需要來個交易：如果一週過去，任何事都沒有發生，他就可以開始主動引導性生活。

另一方面，妳的丈夫也可能完全相反，他可能被性或親密關係嚇到了，將妳的性需求視為一種壓力。不要以類似要求的方式去引導他。舉例來說，身體的親近和撫摸他的生殖器，也許比用口頭表達妳的需要更容易讓他接受——或反過來才行得通。

如果自發性的性愛對他而言有困難，那麼與其希望他隨時有回應，不如提前提醒他。如果安排時間讓他覺得受到控制，就嘗試提早安排但不要預先警告他。

妳的丈夫也可能會擔心他的性能力，妳要肯定他的積極努力，當他按照妳的方向行動時，要進一步鼓勵他。

重點五：學習接受

妳是否很難感受到性歡愉？如果是，妳可能被下面這些荒誕的説法所影響：

- 性歡愉不是給女人享受的。

- 一個女人在性方面的義務是讓她的男人滿足，免得他離家遊蕩。

- 如果他快樂，妳就快樂。

- 好女人不會公然表現性感。

妳可能因為過去的創痛、和一個在性方面多所要求的丈夫同住、或是覺得除了成為他性侵犯的容器以外自己毫無價值等原因，而不再表現妳的性慾。

要在婚姻中在性方面扮演引導的角色，妳必須學習接受。妳必須允許自己接受稱讚、愉悦和刺激。性是為妳，也是為妳丈夫預備的，你們的身體就是依此而設計——上帝為妳創造陰蒂，沒有別的目的，就是要接受和傳輸性的刺激。甚至連陰道也是兼顧愉悦和生殖而設計的。

在妳引導前，需要學會能夠享受三件事：

- 自己的性慾

- 丈夫對妳性慾的欣賞

- 妳對丈夫性慾的喜悅

妳不必為了取悅丈夫而將自己的需要放在一邊。事實上，當妳為自己追尋愉悅，並接受他對妳的欣賞時，妳會讓他更快樂。

❦ 引導他進入親密關係

在成長過程中，女孩發展出建立親密關係的能力，她們的方式通常不適合男孩，或對男孩來說不那麼自然。女孩傾向於與媽媽相處較多的時間，比男孩與父親相處的時間更長。女孩以互相交談來釋放情感，男孩則常在隔離中處裡他們的感覺。

妳很可能需要引導他與妳培養親密感。妳對親密關係的需要，以及妳所能感覺到的舒適度都比他更大，即使他也能享受親密，這個現象仍然不變。

接受他對自我空間的需要

當妳向丈夫尋求親密關係時，他可能會靠近妳，然後需要「空間」，接著又準備靠近。想想電路的傳遞方式——男人比較適合以「交流電」的方式來處理親密關係。他對於持續不斷的親密關係「直流電」會有「短路」的傾向。男人感覺需要親密感的時間總量各有不同，每天的需要也會有所變化。

我們說的「交流電」是什麼意思呢？就是把兩人親近的時間分割為十五分鐘或半小時的短暫談話，在這之間各人有自己的大量空間，會比連續一個半小時或兩個小時的討論更容易被接受。每隔幾天有一段較長的時間彼此分享，會比每天深入的對話要容易得多。

平衡妳和他的需要

很多活動都會分散男人對親密關係的需要。對他來說很重要的一場比賽、外出釣魚或打高爾夫球，會比與妳親近更有優先權。妳可能覺得自己被取代了，但不要把他的行為當作是針對妳，因為他不管跟誰結婚都一樣如此。

當妳接受他的需要，同時仍然表達妳的需要時，你們兩人就能找到滿足彼此需要的方法。安排你們「親密接觸」的時間，將雙方的需要都列入考慮。

不要使用祈使句來宣告你們的親密時間，例如「我們來分享吧」、「我們來溝通吧」或「讓我們更親近」，那樣容易產生自我意識。嘗試把親密時光與溝通放進共同的日常生活中，或一段計畫好的時間裡。

性與浪漫

妳可能有一些關於婚姻和性應該如何的浪漫想像，也許妳尚未與丈夫分享這些夢想，但當他不能滿足妳的夢想時，妳又感到沮喪。妳應該與他交流妳的期望。

妳可能會想：「如果我告訴他，浪漫的事怎麼浪漫得起來？」如果妳實現了妳對浪漫的看法，那就會是浪漫的，不會因為說出來就變得無趣。如果妳期望他直覺地知道妳對浪漫的看法，妳將會失望，而他也會失去嘗試的信心。

或者妳可能說：「如果他愛我，他就應該懂得什麼是浪漫。」他的浪漫特質或缺少浪漫，跟他有多愛妳沒有關係。他大腦運作的方式和對浪漫的感受，決定了他要做或不做什麼。

如果妳一定要他為妳製造浪漫，請把你的需求告訴他，讓他知道一些妳所喜歡小小浪漫的表達方式。當他嘗試行動時，鼓勵他的努力。慢慢地，時間久了，他甚至可能自己創造出一些浪漫。

親密關係的障礙

在第六章中，我們提到的憤怒、羞恥、受虐、被拋棄和低自尊也可能是妳的情況。如果妳已經把這些具破壞力的模式帶進婚姻，最好尋求專業幫助。

性可能會成為處理其他婚姻問題的戰場。曾有某位女士不想為自己追求性歡愉，是因為她知道那會使丈夫快樂；如果這樣做對丈夫有益處，她寧願剝奪自己的樂趣。

當夫妻到我們這裡尋求性治療時，我們常驚訝地發現，他們對性生活的渴望幾乎一樣，雖然他們自以為天差地遠。原因在於，其他的問題扭曲了他們的觀感。

妳可能需要專業的幫助，才能發現影響你們都渴望的親密關係之原因。當妳克服了這些障礙，親密關係就會有所進展。

行不通的時候

如果妳的性生活並不像應該有的樣子，怎麼辦呢？這裡有一些常見的問題。

如果他想要、我不想要，怎麼辦？

妳應該多頻繁感受到性慾？這並沒有固定的公式。但如果妳從來沒有感受體內的衝動，渴望性的接觸、歡愉、亢奮和釋放，妳就需要注意了。

生活境遇、身體功能或者夫妻關係都可能影響

妳的性慾。可能有很多因素造成目前的結果，例如
妳成長的過程、過去被侵犯的經驗、荷爾蒙失調、
或者一段很糟糕的感情。不管是什麼原因，妳都可
以對付它──但只有妳本人能從醫生或諮商師那裡
得到妳需要的協助。

如果我的「追求」成為對他的讓步怎麼辦？

一個女人說：「無論我有多想要，也不會主
動。我害怕如果每次我想要的時候就做愛，他就會
習慣太頻繁地擁有性。」

妳不會主動要求，可能是因為妳害怕這會成為
妳的束縛。或者妳對丈夫的憤怒變成一種束縛，讓
妳無法發現愛、熱情和親密關係。那種束縛可能比
妳與丈夫的關係有更長遠的歷史，也許始於妳早年
在家裡被強迫的性體驗。

有一個女人在學齡前被強迫看她父親小便，教
她認識男人的生殖器；另一個女人的母親定期抓捏
女兒剛發育的乳房，檢查發育狀況和判斷內衣的尺
寸。這些行為剝奪了她們作為孩子或青少年對性的
意識，演變到現在，她們對於為自己尋求性歡愉感
到困難。

憤怒也可以追溯到失去父親，不管是因為死

亡、遺棄或情感的淡漠。妳可能下意識地害怕如果妳自由地與丈夫尋求性愛，他會如同妳父親一樣離開妳。

即使妳的問題才是引起這種掙扎的主因，但看起來卻好像他才是造成妳困擾的原因。在妳學會享受性樂趣之前，他必須先退後一步。在這個過程中，你們需要專業諮商師的幫助。

如果思緒游移怎麼辦？

在性愛過程中，妳的思緒將會有些游移；妳的丈夫可能也會這樣，但不是經常如此，因為當男人興奮時，他的大腦常與身體的反應連結在一起。

由於妳是雙軌的思想模式，即使關於生活瑣事的想法進入大腦，妳仍然能夠享受身體的愉悅。妳可能在想購物清單，妳需要什麼樣式的壁紙，或者孩子明天午餐要吃什麼。只要頭腦中飛逝而過的意念不會影響妳享受性愛的愉悅，或讓妳停止性行為，就無須為此擔心。

如果這些想法變成問題，就用積極的行動來抵消它們，好比談話、改變姿勢、聆聽身體的需要並抓住這種需要，將思緒從心不在焉的消極模式中轉移出來。

如果他有問題怎麼辦？

當一個男人性慾低落變成了常態，而且不是偶爾發生，你們就需要發掘並處理其原因。

男人缺乏性慾的原因與有著同樣問題的女人相似——過去的侵害或失敗經驗、在婚姻中遭遇的麻煩、內心關於性慾的混亂想法、荷爾蒙失調、或認為自己不是一個合格的愛人。此外，關於同性戀和色情圖文，或者其他的性成癮，都能讓男人失去與妻子做愛的興趣。

在確定並克服丈夫性慾缺乏的問題上，妳要支持他。尋求醫生、諮商師或性治療師的幫助。

如果他總是忘記我告訴他的事怎麼辦？

男人在性愛中忘記妳說過的話，與他們的思緒不容易游移源自同樣原因：他們的心思和身體完全與做愛這件事連結在一起。

不管他遺忘的原因是什麼，並不表示他不愛妳。如果他忘了揉捏妳的乳頭會讓妳感覺疼痛，或是長時間對同一個地方揉搓，以致那個地方像火燒一樣，就溫柔地引導他去撫摸別的地方，或是做別的、讓妳感覺愉悅的動作。要嘗試在憤怒讓你們的關係產生裂痕之前就引導他。

負擔起妳的責任並不能讓他脫離這種問題。本書前面的章節會幫助他找到自己的角色，但沒有妳的積極參與，他就不能扮演好這個角色。

如果每次做愛都千篇一律怎麼辦？

即使妳願意，改變也是很困難的。改變需要付出努力，也需要冒險。

試著彼此交談，然後制定計畫。可能必須決定由哪個人領導，將更多創意帶進性生活中。

妳和他誰最適合發起創新呢？也許妳是與一個每天下班後都做同樣事情的男人結婚，喜歡在同一時間吃同樣的飯菜，去同一家餐館，每週六做同樣的家務雜事。為什麼他在做愛這件事上會有所不同？

如果變化對妳很重要，妳就必須負責讓它發生。如果妳是個頑固的人，他就必須更有創意。如果兩人都沒有足夠的創意，使性關係有更多變化，你們可以參考書籍，例如我們的另一本書《五十二種方法：擁有趣味盎然的性愛》（*52 Ways to Have Fun, Fantastic Sex*）。

如果我們的性行為都草草了事怎麼辦？

如果妳已有的性經驗都為時六到七分鐘，並在深夜甚至午夜進行，妳能做什麼呢？

試著談論你們目前的狀況，以及雙方想要如何面對這種模式。如果雙方都願意有更長時間、更有品質的性生活，就騰出時間，專心地取悅和撫摸彼此。如果妳丈夫不想花太多時間，妳可以從尋找取悅他的機會開始，妳的嘗試應是好玩有趣的，這樣雙方都不會感到有壓力。

如果我過去的性經驗侵入了我們的臥室怎麼辦？

如果妳掙扎於妳的過去，那就尋求幫助。妳可以找治療師，或者加入和妳有相似經驗的女人所組成的團體。

分享痛苦會幫助妳忘卻痛苦。有些女人害怕坦承之後會令丈夫遠走，但實際上，我們發現多數丈夫的心胸非常寬廣，他們願意聆聽，願意幫助妻子走出過去的陰影，享受美好的性生活。

如果某些性愛方式讓妻子聯想起被侵犯的情境，就要小心避免。舉例來說，如果在黑暗中做愛，讓妳回憶起被侵犯的情形，就在白天或開著燈

時做愛。如果某種觸摸或聲音會讓妳驚慌，就設法示意他調整。有時候與需要作較大的改變。舉例來說，如果妳是在仰臥的情況下受侵犯，妳可能只有在上面時才能達到高潮。

妳不能只是忘記過去的痛苦。如果妳和丈夫一起來解決這些問題，就能找到徹底醫治的途徑。

如果我們無法談論性怎麼辦？

選擇最自在的談話氛圍。如果你們大多數的親密談話不是在家裡進行，就選擇外出的時間。

> Love Your Wife
>
> **談論性愛對於保持性生活中的愛、熱情與親密活力很有益處。**

你們可能喜歡邊走邊談，或邊開車邊談，而不喜歡坐著對看。如果你們談話氣氛最好的時候是在清晨或深夜，就選擇最可能有效的時間。

決定最有效的交流方式。也許你們喜歡讀對方寫的信並討論內容；或是把要說的話錄成卡帶，再聆聽內容並回應；或者大聲閱讀本書的一些章節並進行討論。

女人不太喜歡在做愛後談論性事。但男人很看重性愛中的表現，並將自己表現良好等同於擁有一

個快樂的妻子，所以，在性愛後表達妳的愉悅，是提升性生活的方法之一。

對健康的性關係來說，談論性生活是絕對必要的。願意分享雙方對於婚姻中這個脆弱領域的感覺，能夠使你們更緊密，也是親密關係的表露。

如果我沒有性慾怎麼辦？

可能妳覺得這些對妻子的話，沒有一句對妳有用。妳一直在婚姻生活中嘗試，妳肯定自己就是沒有性慾。

難道上帝在創造妳的大腦時，把性愛遺落了？妳的身體可能有反應，但妳沒有任何感覺，情感無法與身體的興奮同步；或者妳嘗試了，但身體還是沒有反應。

一位女士說：「我不能告訴他我什麼時候變得興奮。我不想主動，因為那就表示我有需要。」這個女人在兩歲時，父親離開了母親，從此以後，母親有過很多性伴侶。對性慾不加以控制是她母親顯示需要的方式。現在，女兒則在她與丈夫的性關係中掙扎。

另一位女士說：「我可以取悅他且樂在其中，但我不認為我能接受他的取悅。」

妳沒有性慾也可能是荷爾蒙的影響。請醫生測試妳的荷爾蒙指數，特別是妳的睪丸激素。

另外可能的原因，包括妳對性能力的恐懼，以及自己或丈夫要求妳必須有性慾。不過一旦妳知道原因所在，妳仍然必須**決定**要有性慾。

妳要接受一件事：在上帝的設計中，妳是有性慾的。開始嘗試做些性感的動作，行為往往會出現在感覺之前。先別灰心，至少給自己一年的時間，與丈夫一起，持續地練習為自己的需要享受性愛。

當消極的想法出現，例如「這根本行不通」，就用言語表達出來，分散自己的注意力。當這類想法打擾了妳的愉悅時，告訴丈夫，讓他知道並幫助妳，然後再次用決定來讓自己尋求性欲望，而不單是用渴望。

允許他享受妳的身體，不管妳的身體有沒有回應；妳也要享受他的身體，即使妳不會因此而感到亢奮。

如果他不能讓我變得興奮怎麼辦？

他**不能**讓妳變得興奮，只有**妳**自己才能讓妳的身體變得興奮。

除非是荷爾蒙或其他生理因素，否則是否有反

應是由妳決定的。要讓自己被他挑起欲望，妳必須願意將自己毫無保留地交給他。

妳可能想變得興奮，但不想把自己交給他。妳不能什麼都想要；這是妳的選擇。

妳可能需要對付關係中的衝突和憤怒，或其他過去的問題。妳可能需要詳細記錄，自從對他有所回應的日子開始之後──假設妳確實回應了他──究竟發生哪些變化。可能性關係一直讓妳失望，或者妳厭倦了妳的性生活。

妳可能需要諮商師來協助妳發現，為什麼妳對性的感覺關閉了。專家能幫助妳知道並探究讓妳不再回應的原因。

如果我不愛他怎麼辦？

愛是一種決定，是一種承諾（見《聖經》哥林多前書第十三章）。妳對愛的**感覺**是會每天變化的。

愛有可能會帶來傷害。妳可能因為傷害的緣故而決定不再愛他──但那是妳的決定，不是發生在妳身上的事。愛不愛他在妳的控制中。

我們發現，當配偶之間的障礙破除時，他們相愛的決心能夠重新點燃熱情，「沐浴在愛河中」的感覺又回來了。感覺就是如此來來去去。

這就是為什麼感覺不能成為評斷真愛的標準。感覺能加強愛的決定，也應該認真對待感覺，但不要因為妳感覺不再愛他，就認為關係完結了。

❧ 接受他的建議

如果妳讀了前面寫給妳丈夫的章節，那麼妳已經聽見很多我們要給妳的建議。以下是快速的回顧：

1.注意妳的軟弱，將妳的心歸向家庭，來保護妳的婚姻。

2.與丈夫計畫激情的探險。

3.創意地、健康地運用妳的想像力。

4.欣賞妳的性慾，一起享受。

允許自己成為上帝所設計那位充滿活力、有性慾的女人。決心與妳的丈夫一起去發現、享受妳的性愛──妳將會在婚姻中發現真正的愛、熱情和親密關係。

　　才德的婦人誰能得著呢？她的價值勝過珍珠。她丈夫心裡倚靠她，必不缺少利益；她一生使丈夫有益無損。

～箴言卅一章10-12節

❧ 注釋

Chapter 1

1. Leo Buscaglia, *Loving Each Other: The Challenge of Human Relationships* (New York: Holt, Rinehart & Winston, 1984) p.134.

中文版已由遠流出版事業股份有限公司出版，書名為《愛‧被愛：建立溝通、真誠、寬恕、歡笑的互愛關係》。

Chapter 2

1. Lewis B. Smedes, *Love Within Limits: Realizing Selfless Love in a Selfish World* (Grand Rapids, Mich.: Eerdmans, 1978), p.133.

中文版已由雅歌出版社出版，書名為《愛的真諦：自私世界中的無私真愛》。

2. John Trent, et al, *Go the Distance: The Making of a Promise Keeper* (Colorado Springs, Colo.: Focus on the Family, 1996), p.128.

3. John Gray, *Men Are from Mars, Women Are from Venus* (New York: HarperCollins, 1992), p.11.

中文版已由生命潛能文化事業有限公司出版，書
名為《男女大不同》。

4. Paula M. Siegel, "Can You Psyche Yourself into
Sex?" *Self,* December 1990, p.144.

Chapter 3

1. Archibald Hart, *The Sexual Man* (Dollas: Word
Publishing, 1994).

2. John Gray, *Mars and Venus in the Bedroom: A
Guide to Lasting Romance and Passion* (New
York: HarperCollins, 1995), p.35.

中文版已由太雅出版有限公司出版，書名為《當
火星男人與金星女人共枕》。

Chapter 4

1. *Los Angeles Times,* February 5, 1996.

2. George Gilder, *Men and Marriage* (Gretna, La.:
Pelican Publishing Co., 1986), p.171.

Chapter 5

1. Warwick Williams, *Rekindling Desire: Bringing Your Sexual Relationship Back to Life* (Oakland, Calif.: New Harbinger, 1988), p.109.

2. Bernie Zilbergeld, *The New Male Sexuality* (New York: Bantam, 1992), p.67.

Chapter 8

1. Harold B. Smith, *Marriage Partnership,* Winter 1993, p.48.

2. Harville Hendrix, *Getting the Love You Want* (New York: Harper & Row, 1990).

   中文版已由聯經出版事業公司出版，書名為《相愛一生：談夫妻相處之道》。

3. Neil Clark Warren, *Learning to Live with the Love of Your Life ... and Loving it!* (Colorado Spring, Colo.: Focus on the Family, 1998).

4. John Trent, et al, *Go the Distance: The Making of a Promise Keeper*, p.121-22.

5. John Gottman, *Why Marriages Succeed or Fail* (New York: Simon & Schuster, 1994).

6. Patricia Love, *Hot Monogamy* (New York: Penguin, 1995).

中文版已由性林文化事業股份有限公司出版，書名為《如何創造婚姻中的激情》。

Chapter 12

1. *The Random House Dictionary of the English Language, the Unabridged Edition* (New York: Random House, 1967), p.468.

2. Joseph C. Dillow, *Solomon on Sex* (Nashville: Thomas Nelson, 1977), p.24.

生活叢書 2
好好愛她：已婚男士的性親密指南

作　　者：克利夫・潘尼、喬依絲・潘尼
譯　　者：李曉秋
出版顧問：鄭超睿
發 行 人：鄭惠文
翻譯審定：林以舜、許玉青
編　　輯：洪懿諄、張惠珍、王怡之
封面設計：心然文化有限公司
版型設計：張凌綺

出版發行：主流出版有限公司 Lordway Publishing Co. Ltd.
出 版 部：臺北市南京東路五段 123 巷 4 弄 24 號 2 樓
電　　話：(02) 2857-9303
傳　　真：(02) 2857-9303
電子信箱：lord.way@msa.hinet.net
劃撥帳號：50027271
網　　址：https://lordway.com.tw

經　　銷：
紅螞蟻圖書有限公司
台北市內湖區舊宗路二段 121 巷 19 號
電話：(02)2795-3656　　傳真：(02)2795-4100

華宣出版有限公司
新北市中和區連城路 236 號 3 樓
電話：(02) 8228-1318　　傳真：(02) 2221-9445

2010 年 1 月　初版 1 刷
2020 年 9 月　數位版（POD）1 刷
書 號：L1001
ISBN：978-986-85212-5-4（平裝）
Printed in Taiwan
著作權所有 翻印必究

讀截句如划詩之小筏，渡恆河你莫再叫水停住。

【截句詩系第二輯總序】
「截句」

李瑞騰

　　上世紀的八十年代之初，我曾經寫過一本《水晶簾捲——絕句精華賞析》，挑選的絕句有七十餘首，注釋加賞析，前面並有一篇導言〈四行的內心世界〉，談絕句的基本構成：形象性、音樂性、意象性；論其四行的內心世界：感性的美之觀照、知性的批評行為。

　　三十餘年後，讀著臺灣詩學季刊社力推的「截句」，不免想起昔日閱讀和注析絕句的往事；重讀那篇導言，覺得二者在詩藝內涵上實有相通之處。但今之「截句」，非古之「截句」（截律之半），而是用其名的一種現代新文類。

　　探討「截句」作為一種文類的名與實，是很有意思的。首先，就其生成而言，「截句」從一首較長的詩中截取數句，通常是四行以內；後來詩人創作「截句」，寫成四行以內，其表現美學正如古之絕句。這等於說，今之「截句」有二種：一是「截」的，二是創作的。但不管如何，二者的篇幅皆短小，即四行以內，句絕而意不絕。

　　說來也是一件大事，去年臺灣詩學季刊社總共出版了13本個人截句詩集，並有一本新加坡卡夫的《截句選讀》、一本白靈編的《臺灣詩學截句選300首》；今年也將出版23本，有幾本華文地區的截句選，如《新華截句選》、《馬華截句選》、《菲華截句選》、《越華截句選》、《緬華截句選》等，另外有卡夫的《截句選讀二》、香港青年學者余境熹的《截竹為筒作笛吹：截句詩「誤讀」》、白靈又編了《魚跳：2018臉書截句300首》等，截句影響的版圖比前一年又拓展了不少。

　　同時，我們將在今年年底與東吳大學中文系合辦

「現代截句詩學研討會」，深化此一文類。如同古之
絕句，截句語近而情遙，極適合今天的網路新媒體，
我們相信會有更多人投身到這個園地來耕耘。

【推薦序】
截句的一種嶄新模式
──讀葉莎《幻所幻截句》

秀實

　　時序邁進七月，宣告一年江山已去半壁。餘下的半截，倍感倉卒。昨日收到詩人趙思運自山東寄來的《詩人陸志韋研究及其詩作考證》。思運在網上說，志韋所有的詩作，我這書都收集齊全了。陸志韋是留學美國的心理學家。回國後專攻語言學。朱自清有這樣的話：「第一個有意實驗種種體制，想創新格律的（詩人）。」（見《中國新文學大系・詩集》導言）。時維1936年。我要說的是，新詩對格律形式的追求，是新詩研究者老生常談的話題。而前人的研究恐怕較之我們更為深入到位。陸志韋對詩的語言如此

說：「詩的美必須超乎尋常語言美之上，必經一番鍛鍊的工夫。」對音樂性如此說：「捨平仄而採抑揚」「押韻不是可怕是罪惡」。在新詩創作上，陸志韋無疑是個聰明人。他一直不曾迷失。

　　創作截句也是對詩歌形式的追求。可它背後的詩學理論極其薄弱。個人認為，堅持截句最大的理由不應放在學理上，而應在創作上。那是詩人在其創作追求上的一種喜好。把這種喜好分享出去，希望他人也愛上截句，如此而已。現時從學理上尋找對這種詩歌形式的支持，是底氣不足。如果沾上唐人絕句（截句）與律詩的關係，更為附會牽強。這較之我前面所引陸志韋的大有不如。1936年陸志韋推出《雜樣的五拍詩》，收錄了23首他對詩歌形式上的嘗試成果。五拍詩每首均六行。每行均五拍。這是一種兼有學理與實踐的嘗試。東坡在《石鐘山記》說：「古之人不余欺也」。信焉。

　　葉莎在截句上正是一個實踐者。理論辯之無益，文本成之有為。其詩集名為《幻所幻截句》，裁為四

輯：邊境即中央，流水即高山，有知即無知，知此即
知彼。這一連串名字都是我所喜愛的。也標明了詩歌
的精神內蘊在哲思之上。詩人通過某些事物的描述，
悟出某些存在的哲理。幻其所幻，真幻難分，萬物皆
如此。其情況就如同莊周夢蝶與蝶夢莊周。此為全書
之基調。但我要指出的是，葉莎在相當局限的條件底
下，為截句創造出一種嶄新的寫作模式來。

　　四輯55首詩作中，出現「A即B」的詩題模式，佔
了33首，都收錄在第一和第四輯裡。很明顯的，四行
的內容則是對詩題的詮釋。這是葉莎為截句獨創出一
種嶄新的寫作模式。詩句的詮釋，又出現兩種不同的
書寫方法。一是全然的詮釋，一是先詮釋而後箋注。
現擇五篇略為解說。

　　〈邊境即中央〉

　　被丟棄到邊境的思想
　　成為荒涼的中央

孤寂和孤寂互相摩擦
野草和蟲子將瞳孔佔滿

　　首兩句解釋了為何邊境即中央。那指的是一個人
的思想。邊緣思想如果在現實中無人和應，即會逐漸
收擾，最終成為個人的中心思想。詩人細緻思考，指
出存在的某一狀況。末兩句添加箋注。如此那人只剩
下孤寂，而這種孤寂極其嚴重，他眼中只看到代表執
著的野草和附在其中的蟲豸。

〈深井即昨日〉

深井中幾聲蛙鳴
撞過來撞過去
躲在近處聽，黑——破碎。
那些生之昨日、昨日的昨日

　　媒介是蛙聲。詩人坐在井床上，黑夜降臨，思考

遠逝的日子。深井在黑夜中，是一個無盡空間。詩人
對昨日茫然，可以憑藉的惟有蛙聲。深井在詩中經詩
人的述說成了意象。深井又令人想及「投井」一事。
那是劍指末來。相對於「昨日的昨日」，時間在短短
的篇幅裡，遂有了無窮的擴張。四句完整地詮釋了昨
日的意義，那即一口晦暗的深井。

〈遙望即思量〉

　　紅磚不知堆疊已被推疊
　　野草不識春風已被春風
　　我坐在簷下聽雨
　　雨不識我，我不識雨

　　東漢王粲《登樓賦》有「登茲樓以四望兮，聊暇
日以銷憂」。詩人登高望遠而心有懷抱，實為常情。
此詩推陳出新，如此書寫，精采絕倫。首兩句寫物，
末兩句寫我。往往使人產生「物我兩忘」的誤讀。詩

的真意卻在「不以物喜，不以己悲」。首句寫登高，
次句寫時節，三句寫天氣，末句寫我。完整地詮釋了
登高自傷之意。末句悲愴，是一種與世隔絕，時宜不
合的窮途之悲。

〈蟬聲即孤魂〉

　　從這牆穿越那牆
　　種種障礙不過虛設
　　坐著已是蟬聲
　　獨自荒蕪獨自夏

　　首二句詮釋了詩題，土牆阻隔不了夏日蟬眤。既
阻隔不了，聲音則猶如在空曠中迴蕩。那是為孤魂的
現身鋪路。末二句作出箋注，詩人眼裡有如此破敗的
夏日風光，乃頓覺形體消失，空間惟聲音佔領。寥寥
幾筆，寫絕了蒼涼孤寂。

〈虛假即真實〉

水裡的鳥，正猶豫要不要飛
岸邊的青草已在拍翅
你眼裡所見的真實盡是虛假
我說懊悔其實是不沒不悔。

詩寫一種真假難分的世相。從所見落筆。水泊中
的鳥想飛而草已因風而動，那是真實的風景嗎？因為
那是倒影。其真相讓詩人疑惑著。因而有了第三句的
白描。末句想及一生中懊悔的事，而此時詩人悟了，
逝去如倒影，有何懊悔可言！詩點到為止。大陸詩人
楊瑾主張「詩到意為止」。看來移用於僅有四行以內
的絕句，適合不過。

近日，臺灣詩壇忽爾刮起截句旋風。秀威出版社
去年一次推出十餘本截句詩集。據聞今年再接再厲，
會推出第二輯的截句詩叢。這實為震驚詩壇之事。這

兩次截句旋風，葉莎均參與其中。可見她於截句的偏好。並以其強大的文本為這種詩體立下圖騰之柱！這較之窮究學理而墮於泥塗之士，實更勝一籌！

　　　　　2018.7.9 凌晨3:00，將軍澳婕樓。

目　次

輯一｜邊境即中央

輯二 | 流水即高山

邊境即中央

幻所幻截句

邊境即中央

被丟棄到邊境的思想
成為荒涼的中央
孤寂和孤寂互相摩擦
野草和蟲子將瞳孔佔滿

幻所幻截句

蟬聲即孤魂

從這牆穿越那牆
種種障礙不過虛設
坐著已是蟬聲
獨自荒蕪獨自夏

幻所幻截句

果實即腐敗

飛鳥讓位，空出枝椏
自此我忝為果實
緩緩成熟，讓活著的人吃下
腐敗通過美味完成

幻所幻截句

清醒即恍惚

在田與田之間的小路滾動

我以恍惚行走

偶爾在萬水中清醒

詩在五官中悄悄流出

幻所幻_截句

神意即淒涼

路被風吹彎

坐在竹林掩映的地方

天和水一起夾擊

逼迫我忘記空間和時間

幻所幻截句

深井即昨日

深井中幾聲蛙鳴

撞過來撞過去

躲在近處聽，黑——破碎

那些生之昨日、昨日的昨日

廢墟即家園

門牌被風拿走

笑聲被時空掠奪

廢墟即家園

歸來不如不歸來

幻所幻截句

濕泥即白雲

水田長滿藍天

雲不是雲，和濕泥同名

你嘆息生如白雲

我倒認為濕泥最是蒼狗

幻所幻截句

終點即起點

在終點回望起點

奔跑一世其實未奔跑

千山萬水依然在遠方

每一個終點都是起點

幻所幻截句

虛假即真實

水裡的鳥，正猶豫要不要飛
岸邊的青草已在拍翅
你眼裡所見的真實盡是虛假
我說懊悔其實是不沒不悔

幻所幻截句

白雲即荒草

種植雲的人

不巧也種植了荒草

當雲歡欣湧動時

荒草拉著他沉寂的坐下來

幻所幻截句

聚集即分散

接近如此疏遠
聚集原是分散
再次飛回揮手的夏日
秋的渡口貼著冬的名字

幻所幻截句

遙望即思量

紅磚不知堆疊已被推疊

野草不識春風已被春風

我坐在簷下聽雨

雨不識我，我不識雨

山水即藤蔓

山水為枕

智慧自成虛空

前塵是被斬斷的藤蔓

我錯置其中

關窗即開窗

若靜止是滾動

不看是遙望

那麼滅絕即是誕生

關窗即開窗

流水即高山

幻所幻截句

漂洗綠樹

漂洗綠樹

刷子盡是衣服

將鳥聲捶打拍碎

撈起，水中又見嶄新之樹

幻所幻_截句

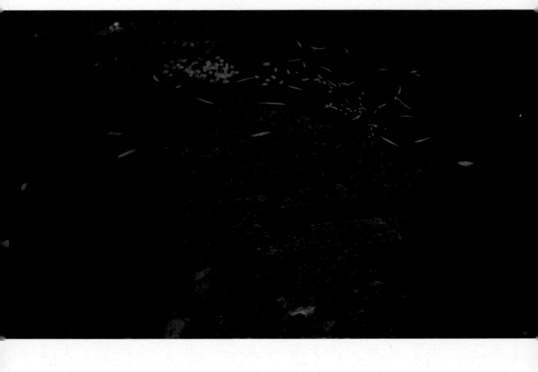

螢火策略

呼喊無益

選擇潛移就好

將巨大的黑暗悄悄鑿洞

等待漏盡

幻所幻截句

採摘露水

那人不摘金針只摘露水

露水中央一座山

晶亮非常

非常中，住著真我

幻所幻截句

呼山喚海

一朵小花
輕輕吹氣，讓海
與山一樣高聳
山頂魚群倏忽散開

晨光事件

提著晨光的婦人也提著果子

有人吃了婦人也吃了晨光

神和孩子一起沉默

看著果子，吃了果子

幻所幻截句

趕海入牛

那人用鞭子抽海

牛驚叫了一聲

蹄子碎了，落日也碎了

大海滾動，鞭子落海

幻所幻截句

雨壓啼聲

兩隻鳥不停趕雨
啼聲仰衝，將雲努力頂著
其中一朵雨執意降落
遂將啼聲壓的扁扁的

詩人名騙

一棵樹不肯結果子
一片陽光也從未敲窗
有人將自己舉至偽高度
宣稱自己是詩人之影

幻所幻_截句

未生之前

感謝有眼

讓我回望未生之前

那時海是雲的孩子

我是落日的祖母

幻所幻截句

藏屋納日

海邊有屋一實一虛

各自有雲各自有岸

最真的落日被藏進屋裡

和潮濕的木柴捆在一起

幻所幻截句

以空敷傷

虛空與虛空對坐
一棵木瓜樹剛掉下果子
真實的疼著
虛空用空，敷住傷口

勺子破海

勺子破海
瞥見落日的家很深
一隻海鷗飛過門前
翅膀上一艘大船聲音清脆

幻所幻_截句

虛生實死

怕火的人
喜歡提煉影子
預習虛生實死
而且不倒下

幻所幻截句

星星遊民

鎖住黃昏，自此黑夜無住

夢境紛紛凋零

無家的星星露宿蠻荒

成為貧瘠的遊民

幻所幻截句

蘆葦意志

思想都乾枯了
腳被泥土緊緊抓住
風將背脊吹斷的時候
看見眼睛在水裡求活

幻所幻_截句

有知即無知

幻所幻截句

屋外・屋內

屋內雨天，屋外晴朗

陽光在曬穀場遊玩

公雞啼聲——被曬乾

屋內依然沒有傘

幻所幻截句

寂靜‧喧嘩

回憶躺久了恍如寂滅
兩條鐵軌四目交接
其一流下舊日
另一流下喧嘩

幻所幻截句

接近・疏遠

一次閃電
一次最輕最淺的指尖碰觸
一次疏遠
一次最厚最深的雷聲和雨

陰影・光亮

白日高大

站起來就是巍峨的古老

文明的人在窗前留影

一閃，而逝

幻所幻截句

女子・男子

以為是男子其實是女子

以為是女子其實是佛

假相以為自己是真相

真相以為自己是以為

幻所幻截句

最大・最小

最大的城堡最小
只在雙睫之間
最小的飛蛾最大，輕輕
撲火，飛越生死邊界

幻所幻截句

白日‧暗影

陰暗奪走大部分光芒

白日留下瘦瘦的自己

一吋一吋攀爬

實踐藏匿的哲學

幻**所**幻_截**句**

靜止 · 行走

不停行走卻仍在原地
選擇靜止已突飛猛進
青草競長賺得利刃伐身
石頭躺平竟是永恆

幻所幻截句

無家・有家

此後無家

緣斷之後剩下袈裟

此後有家

家是心上一盞佛燈

繁複・簡單

最簡約的廟簷

聽過最深奧的佛經

雀鳥在簡約中往返築巢

以佛讚做經緯

幻所幻截句

知此即知彼

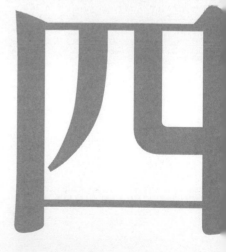

幻所幻截句

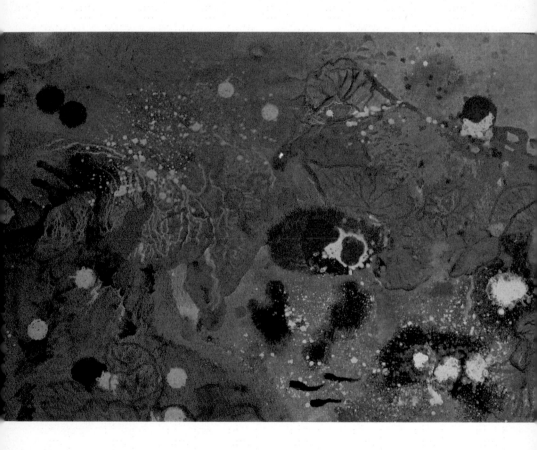

荷花即游魚

那些荷花一朵

一朵，游進水中

拍打夏天的小尾巴

隨風翻過來游過去

幻所幻截句

葉片即花朵

氣息相約氣息，走莖
繁殖，五月坐上流水
葉片都盛開了
面容天。真粉紅

青苔即微雨

以為是雨
趕緊撐好夏季
原來是青苔一路淅瀝
自此端濕漉漉彼端

幻所幻截句

清醒即入夢

不必搖槳

海始終清醒著

你的夢落在夢外

一張竹椅咿咿呀呀說著

飄浮即下墜

脫下樹木和鳥聲

山漸漸飄浮

薄霧緩緩下墜直達深谷

和一座山相遇

幻所幻截句

天黑即天明

就要夜了
你搖著櫓，行過我的肚腹
嚼碎的星星混合著胃液
翻滾著黎明和你

幻所幻_截句

蟲子即稻子

鬆軟田地時也鬆軟了蟲子

土地與二化螟一起肥沃

所有的稻花將夢搖動時

蟲子正在夢中

有岸即無岸

晚霞築岸

小船靠過來聽暮色搖盪

纜繩繫在星星裡

以為靠岸了其實漂遠了

貧窮即富有

鴿子都回家了
徒留一片原野
碗裡無肉就夾幾片晚風吧
杯裡無酒就裝一條銀河吧

幻所幻截句

秋天即春天

漠地恍如掌心

長出許多春或秋的命運

最宜負手而立

不接住暖也不接住冷

幻所幻截句

不悔即是悔

許多樹暗自星星

身子都歪了

不肯傾斜的人

成為湖泊，靜了

幻所幻_截句

無家即是家

落魄半生

居住於蕭索的風聲

最冷的是

想起家這個字

水田即鳥巢

不種稻子只種樹影

日日噴灑落日和風

看見一只鳥巢蕩漾，遂將

漣漪和蛋一起收進籃子

幻所幻截句

楓紅即流水

秋天在側
一條橋橫切一山楓紅
其中幾片飛入山谷
撥開流水，讓紅潛逃

幻所幻截句

想雪即想你

常常以為想起雪

後來發現是想起你

常常以為想起你

其實想起的是山煙草

【後記】
從痛苦到啟示的祕密與怪異

葉 莎

　　這本詩集正在排版時，恰逢我在寶藏巖登小樓咖啡書屋有一場微型攝影詩展，我提供了九張作品，全部以穿越生與死的心理場景為主，並安排了一場主題為〈從痛苦到啟示的祕密與怪異〉的講座。我以榮格的「**我的一生是無意識自我實現的歷程**」為開端，以介紹榮格的一生揭開主題的序幕，並提及盧登事件及附身的議題又漸次進展到另一層次幻覺與心靈的深層體驗分享。

　　無可否認這兩年面對至親的去世，對於我而言是一場身心靈的巨變，雖然我努力以自己極度強大的心

智面對，仍難免必需要通過哲學的認知，宗教的信仰以及通靈及附身的議題，一再去挖掘生之奧秘與死之難題，才能讓自己逐漸安定。彷彿自己成了一個拿著圓鍬的人，努力想挖掘一切被深埋或被刻意忽略的種種，並在每一次翻開陰濕的泥土時，看見陽光又親近身前一吋。

我記得在2018年初夏，在與香港詩人秀實的一場座談中，我曾提及：「對於我而言，生命沒有困境，唯一的困境就是死亡！」但是很快的，2018年秋天還沒有來臨之前，死亡於我已不再是困境，我臣服於**「身體是靈魂的監獄」**並深信透過死亡才能抵達另一個更高的境界。

內心探索的過程並沒有想像中困難！榮格在小閣樓透過自己雕刻的小木雕像進行自我對話，我則透過靜坐和內觀，進入靈魂深一層的體悟並很快的與高我取得連結。每一天和指導靈溫暖的對話與砥礪，使我漸漸進入另一層不為人知的領悟，所有的孤單和對抗一一被稀釋和馴化，學習讓步，寬容和愛。

　　一個創作者對知識的渴求必須熱烈，對心靈層面的探索更不可忽視，關於生命的痛苦、困惑和罪惡以及宇宙至善等問題，不是哲學家應該關心而已，任何一位來到世間想要認清生命本質的人都應該關心。

　　談到痛苦，或許正如電影《大魚海棠》裡面的對白：「你以為你可以忘記嗎？真正的忘記不需要努力，如果想努力忘記就表示永遠不會忘記！」啊，這些夢與幻覺，生命之苦痛與歡欣，無一不是詩句！

葉莎于桃園龍潭2018.8.6

語言文學類　截句詩系33　PG2129

幻所幻截句

作　　者 / 葉　莎
責任編輯 / 林昕平
圖文排版 / 周妤靜
封面原創設計 / 許水富
封面設計 / 蔡瑋筠

發 行 人 / 宋政坤
法律顧問 / 毛國樑　律師
出版發行 / 秀威資訊科技股份有限公司
　　　　　114台北市內湖區瑞光路76巷65號1樓
　　　　　電話：+886-2-2796-3638　傳真：+886-2-2796-1377
　　　　　http://www.showwe.com.tw
劃撥帳號 / 19563868　戶名：秀威資訊科技股份有限公司
　　　　　讀者服務信箱：service@showwe.com.tw
展售門市 / 國家書店（松江門市）
　　　　　104台北市中山區松江路209號1樓
　　　　　電話：+886-2-2518-0207　傳真：+886-2-2518-0778
網路訂購 / 秀威網路書店：https://store.showwe.tw
　　　　　國家網路書店：https://www.govbooks.com.tw

2018年9月　BOD一版
定價：360元
版權所有　翻印必究
本書如有缺頁、破損或裝訂錯誤，請寄回更換

國家圖書館出版品預行編目

幻所幻截句 / 葉莎著. -- 一版. -- 臺北市 : 秀
　威資訊科技, 2018.09
　　　面 ；　公分. -- (截句詩系 ; 33)(語言文學
類)
　BOD版
　ISBN 978-986-326-592-4(平裝)

851.486　　　　　　　　　　107013968

讀 者 回 函 卡

感謝您購買本書，為提升服務品質，請填妥以下資料，將讀者回函卡直接寄回或傳真本公司，收到您的寶貴意見後，我們會收藏記錄及檢討，謝謝！
如您需要了解本公司最新出版書目、購書優惠或企劃活動，歡迎您上網查詢或下載相關資料：http:// www.showwe.com.tw

您購買的書名：＿＿＿＿＿＿＿＿＿＿＿＿＿＿＿＿＿＿＿＿＿＿＿＿

出生日期：＿＿＿＿＿年＿＿＿＿＿月＿＿＿＿＿日

學歷：□高中 (含) 以下　　□大專　　□研究所 (含) 以上

職業：□製造業　□金融業　□資訊業　□軍警　□傳播業　□自由業
　　　□服務業　□公務員　□教職　　□學生　□家管　　□其它＿＿＿

購書地點：□網路書店　□實體書店　□書展　□郵購　□贈閱　□其他

您從何得知本書的消息？

□網路書店　□實體書店　□網路搜尋　□電子報　□書訊　□雜誌

□傳播媒體　□親友推薦　□網站推薦　□部落格　□其他＿＿＿＿＿＿

您對本書的評價：（請填代號　1.非常滿意　2.滿意　3.尚可　4.再改進）

　封面設計＿＿＿　版面編排＿＿＿　內容＿＿＿　文／譯筆＿＿＿　價格＿＿＿

讀完書後您覺得：

□很有收穫　□有收穫　□收穫不多　□沒收穫

對我們的建議：＿＿＿＿＿＿＿＿＿＿＿＿＿＿＿＿＿＿＿＿＿＿＿＿

＿＿＿＿＿＿＿＿＿＿＿＿＿＿＿＿＿＿＿＿＿＿＿＿＿＿＿＿＿＿＿＿

＿＿＿＿＿＿＿＿＿＿＿＿＿＿＿＿＿＿＿＿＿＿＿＿＿＿＿＿＿＿＿＿

＿＿＿＿＿＿＿＿＿＿＿＿＿＿＿＿＿＿＿＿＿＿＿＿＿＿＿＿＿＿＿＿

11466
台北市內湖區瑞光路 76 巷 65 號 1 樓

秀威資訊科技股份有限公司　　　收

BOD 數位出版事業部

....

（請沿線對折寄回，謝謝！）

姓　　名：_____　年齡：_____　性別：□女　□男

郵遞區號：□□□□□

地　　址：_____

聯絡電話：(日) _____ (夜) _____

E - m a i l：_____